아이가 주인공인 책

아이는 스스로 생각하고 성장합니다.
아이를 존중하고 가능성을 믿을 때
새로운 문제들을 스스로 해결해 나갈 수 있습니다.
길벗스쿨의 학습서는 아이가 주인공인 책입니다.
탄탄한 실력을 만드는 체계적인 학습법으로
아이의 공부 자신감을 높여줍니다.

가능성과 꿈을 응원해 주세요.
아이가 주인공인 분위기를 만들어 주고,
작은 노력과 땀방울에 큰 박수를 보내 주세요.
길벗스쿨이 자녀 교육에 힘이 되겠습니다.

[학습 계획표]

시작하기에 앞서 이 책의 학습 계획표를 세워 보세요. 스스로 지킬 수 있는 오늘의 목표를 정하고 꾸준히 실천해 보세요. 매일 꾸준하게 학습할 수 있도록 날짜를 적어서 계획하고 공부하는 습관을 만드는 것도 좋아요.

	Day 1	Day 2	Day 3	Day 4	Day 5	
Week 1	Pattern 01 Pattern 02 Check-up	Pattern 03 Pattern 04 Check-up	Pattern 05 Pattern 06 Check-up	Pattern 07 Pattern 08 Check-up	Pattern 09 Pattern 10 Check-up	Weekly Review
계획한 날짜	월 일	월 일	월 일	월 일	월 일	월 일

	Day 6	Day 7	Day 8	Day 9	Day 10	
Week 2	Pattern 11 Pattern 12 Check-up	Pattern 13 Pattern 14 Check-up	Pattern 15 Pattern 16 Check-up	Pattern 17 Pattern 18 Check-up	Pattern 19 Pattern 20 Check-up	Weekly Review
계획한 날짜	월 일	월 일	월 일	월 일	월 일	월 일

	Day 11	Day 12	Day 13	Day 14	Day 15	
Week 3	Pattern 21 Pattern 22 Check-up	Pattern 23 Pattern 24 Check-up	Pattern 25 Pattern 26 Check-up	Pattern 27 Pattern 28 Check-up	Pattern 29 Pattern 30 Check-up	Weekly Review
계획한 날짜	월 일	월 일	월 일	월 일	월 일	월 일

	Day 16	Day 17	Day 18	Day 19	Day 20	
Week 4	Pattern 31 Pattern 32 Check-up	Pattern 33 Pattern 34 Check-up	Pattern 35 Pattern 36 Check-up	Pattern 37 Pattern 38 Check-up	Pattern 39 Pattern 40 Check-up	Weekly Review
계획한 날짜	월 일	월 일	월 일	월 일	월 일	월 일

기적의 영어문장 쓰기 1

길벗스쿨

저자 **김현정 (E&F Contents)**

'Easy & Fun' 교육철학을 내걸고 유초등 학습자를 위한 영어 학습법을 기획·개발하고 있는 영어 교육 전문가. 15년 이상 출판업에 종사하며 초등영어 및 엄마표 영어교재를 다수 펴냈고 파닉스, 영단어, 영문법 등 여러 분야에서 굵직한 베스트셀러를 만들어냈다. 특히 패턴 학습법을 오랜 기간 연구한 전문가로 패턴 학습의 장점을 십분 활용한 패턴 회화 및 패턴 영작 도서를 다수 기획 및 집필했다.

기획·개발한 대표 저서로 《기적의 영어패턴 익히기》,《왕초보 영어 대박패턴 100》,《맛있는 초등 필수 영단어》,《영어동요 하루 Song》,《영어동요 대화 Song》 등이 있다.

기적의 영어문장 쓰기 1
Miracle Series – Sentence Writing 1

초판 발행 · 2024년 5월 31일

지은이 · 김현정
발행인 · 이종원
발행처 · 길벗스쿨
출판사 등록일 · 2006년 7월 1일 | **주소** · 서울시 마포구 월드컵로 10길 56 (서교동)
대표 전화 · 02)332-0931 | **이메일** · gilbut@gilbut.co.kr

기획 및 책임 편집 · 김소이 (soykim@gilbut.co.kr) | **제작** · 손일순
영업마케팅 · 문세연, 박선경, 박다슬 | **웹마케팅** · 박달님, 이재윤, 이지수, 나혜연 | **영업관리** · 정경화 | **독자지원** · 윤정아

교정 · 최주연 | **전산편집** · 연디자인 | **표지 디자인** · 박찬진 | **본문 디자인** · 윤미주 | **영문 감수** · Ryan P. Lagace
표지 삽화 · 김보경 | **본문 삽화** · 신동민, 박혜연, 플러스툰 | **인쇄** · 교보피앤비 | **제본** · 경문제책 | **녹음** · YR미디어

ISBN 979-11-6406-752-7 64740 (길벗 도서번호 30556)
정가 15,000원

독자의 1초를 아껴주는 정성 길벗출판사
길벗 | IT실용서, IT/일반 수험서, IT전문서, 경제실용서, 취미실용서, 건강실용서, 자녀교육서
더퀘스트 | 인문교양서, 비즈니스서
길벗이지톡 | 어학단행본, 어학수험서
길벗스쿨 | 국어학습서, 수학학습서, 유아학습서, 어학학습서, 어린이교양서, 교과서, 학습단행본

길벗스쿨 공식 카페 〈기적의 공부방〉 · cafe.naver.com/gilbutschool
인스타그램 / 카카오플러스친구 · @gilbutschool

제 품 명 : 기적의 영어문장 쓰기 1
제조사명 : 길벗스쿨
제조국명 : 대한민국
전화번호 : 02-332-0931
주   소 : 서울시 마포구 월드컵로
        10길 56 (서교동)
제조년월 : 판권에 별도 표기
사용연령 : **8세 이상**
KC마크는 이 제품이 공통안전기준에
적합하였음을 의미합니다.

⭐ '읽기'만 했다면 이제 '쓰기'입니다.

유초등 시기에 동화책과 영상을 통해 영어를 어느 정도 접하여 읽을 수 있는 영어 단어와 문장이 쌓이고 나면 이제 영어 문장 쓰기에 도전할 때입니다. 수동적으로 읽고 듣기만 하는 학습에서 벗어나 능동적으로 영어 문장을 쓰고 말하는 학습을 할 때 아이들의 영어 실력이 급속도로 껑충 성장할 수 있기 때문입니다. 또한 2022 개정 교육과정에서 표현 영역이 강화되면서 서술형 평가가 확대되고 영작 활동이 늘어나기 때문에 앞으로는 쓰기 실력이 더욱 중요시 됩니다.

⭐ 수영을 연습하듯 매일 쓰기를 훈련하세요!

영어 문장을 읽고 뜻을 이해한다고 해서 그 문장을 바로 쓸 수 있는 것은 아닙니다. 읽기는 단어만 알면 문장의 뜻을 대충 짐작할 수 있지만, 쓰기는 단어를 어떤 순서로 나열할지 알아야 하기 때문입니다. 즉, 쓰기 실력을 키우기 위해서는 문장 구조와 어순 감각을 익히고, 그에 맞춰 문장을 만드는 훈련을 풍부하게 해야 합니다. 수영을 잘하려면 직접 팔다리를 휘저으며 연습해야 하듯이, 영어 쓰기를 잘하려면 실제 손으로 써 보는 훈련을 반복적으로 하는 것이 중요합니다. 기초 훈련으로 탄탄하게 힘을 길러야 문장들이 모여 이루는 단락글 영작도 문제 없이 해나갈 수 있게 됩니다.

⭐ 문법보다 '패턴'이 먼저입니다!

문장 구조와 어순 감각을 익히기 위해 문법부터 시작하는 것은 자칫 영어에 대한 거부감만 키울 수 있습니다. 영작을 처음 시작할 때는 복잡하고 난해한 문법을 공부할 필요는 없습니다. 자주 사용되는 문장 형태를 패턴으로 통째로 익힌 후 단어만 바꾸면 원하는 문장을 만들 수 있기 때문입니다. 이렇게 패턴을 이용해서 쓰기 연습을 하다 보면 영어 문장 구조와 어순을 감각적으로 자연스럽게 터득할 수 있게 됩니다.

《기적의 영어문장 쓰기》가 우리 아이들이 영어에 재미와 자신감을 얻고, 나아가 자신의 생각을 영어로 쓸 수 있는 실력을 기르는 데 든든한 디딤돌이 되기를 바랍니다.

저자 **김현정**

이 책의 특징

01

문법을 몰라도 문장을 쉽게 완성할 수 있는 패턴 학습법

패턴을 알면 단어와 표현만 갈아 끼워 영어문장을 쉽게 만들 수 있습니다. 어려운 문법 설명이나 복잡한 문장 구조를 몰라도 영작을 할 수 있어서, 영작을 처음 시작하는 초등학생에게는 패턴이 최적의 학습법입니다.

02

초등 영어교과서에서 뽑은 핵심 패턴 320개로 영작 기본기 완성

초등 영어교과서를 완벽 분석하여 핵심 문장 패턴을 선별하고 유형별로 정리했습니다. 교과서 핵심 패턴과 함께 일상에서 쓰이는 실용적인 예문을 접하면서, 초등 시기에 꼭 필요한 문장 쓰기 실력을 완성합니다.

03

초등 필수 영단어 800개로 영어 기초 체력을 탄탄하게!

초등학교 교육과정 권장단어 및 일상생활에서 자주 쓰이는 주요 단어들을 포함했습니다. 단어 책을 따로 익히고 외우지 않아도, 이 책의 패턴 영작 과정에서 자연스럽게 필수 어휘들도 함께 익힐 수 있습니다.

04

따라만 하면 저절로 외워지는 반복식 영작 훈련

영작 실력은 단숨에 늘지 않기에 꾸준한 연습 기간이 필요합니다. 패턴 문형을 6회 반복 연습할 수 있게 구성하여 문장을 쓰다 보면 기초 문법 개념을 저절로 터득하고, 암기하는 노력 없이도 문장 감각을 키울 수 있습니다.

전체 커리큘럼

단계	주요 패턴

1권

- be동사 패턴 — I am... / I'm not... / You are... / Are you...? / Is she...?
- be동사 패턴 — It is... / It's not... / Is it...? / We are... / They are...
- like 패턴 — I like... / I don't like... / He likes... / Do you like...?
- have 패턴 — I have... / She has... / Do you have...? / I had...

2권

- this & that 패턴 — This is... / These are... / Is that...? / My hair is...
- be동사 과거형 패턴 — I was... / You were... / It was... / They were...
- 일반동사 과거형 패턴 — I saw... / I heard... / I made... / I went to...
- want 패턴 — I want... / I want to... / I don't want to... / Do you want...?

3권

- 일반동사 패턴 — Open... / Let's... / I don't... / Do you...?
- 진행형 패턴 — I'm -ing / You're -ing / Are you -ing? / He was -ing
- can & will 패턴 — I can... / Can you...? / I will... / Will you...?
- There is 패턴 — There is... / There are... / Is there...? / There is no...

4권

- have to 패턴 — I have to... / She has to... / I had to... / I should...
- be going to 패턴 — I'm going to... / Are you going to...? / I was going to...
- what & why & who 패턴 — What is...? / What do you...? / Why are you so...? / Who is...?
- how & when & where 패턴 — How is...? / How many... do you...? / When is...? / Where is...?

단계 안내

기적의 영어문장 쓰기 ❶~❹

대상: 초등 2~4학년
파닉스 이후, 문법을 몰라도 패턴 문장으로
영어 문장을 쉽게 쓸 수 있어요.

기적의 영어문장 만들기 ❶~❺

대상: 초등 4~6학년
1~5형식 문장구조를 파악하여, 어순에 맞춰
문장을 만드는 연습을 해요.

이 책의 구성과 학습법

단어와 예문 듣기

- **001** 기본패턴과 응용패턴 문장 듣기
- **002** Practice의 단어 및 표현 듣기
- **003** Practice의 완성문장 따라 읽기

기본패턴

패턴 표현에 대한 설명을 읽고 예문을 통해
패턴의 의미와 쓰임을 정확하게 이해합니다.

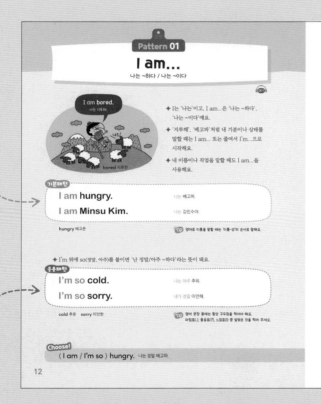

응용패턴

기본 패턴 표현에서 조금 변형된 패턴을 익히
면서 패턴에 대한 응용력을 키웁니다.

Practice

앞에서 배운 패턴에 단어와 표현을 넣어 직접 문장을
써 봅니다.
동일한 패턴 문장을 반복해서 쓰다 보면 패턴의 의미와
형태가 각인되고 어순 감각도 저절로 쌓이게 됩니다.

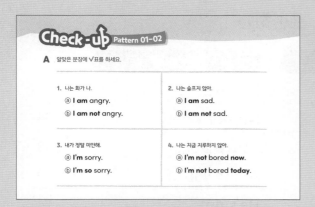

Check-up

오늘 배운 4개의 패턴을 확실히 익혔는지 문제로 확인합니다. 그림 묘사 문장, 대화문, 상황 설명문 등 다양한 유형의 문제를 풀며 오늘의 패턴 문장을 확인합니다.

Weekly Review

5일치 학습이 끝난 후에는 한 주 동안 배운 단어와 패턴 문장을 복습합니다. 단어와 표현들이 반복되도록 구성하여 쉽고 자연스럽게 암기할 수 있습니다.
또한 배운 패턴을 적용하여 짧은 글을 완성해볼 수 있습니다.

부가 학습자료

영단어 연습장

[권말 부록]

단어 테스트

[워크시트 다운로드]

온라인 퀴즈

단어 퀴즈 본책에서 학습한 주요 영어 단어의 철자와 뜻을 점검합니다.

문장 퀴즈 우리말에 알맞게 영어문장을 완성하면서 패턴 문장을 한 번 더 복습합니다.

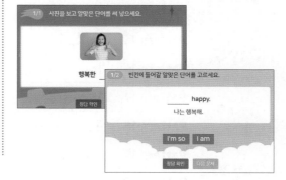

길벗스쿨 e클래스 eclass.gilbut.co.kr
길벗스쿨 e클래스에서 온라인 퀴즈, MP3 파일 및 워크시트 다운로드 등 부가 학습자료를 이용하실 수 있습니다.

차례

다음 문장을
영어로 표현할 수 있나요?

- -

☐ 나는 배고파.

☐ 너 화 났어?

☐ 그는 정말 힘이 세.

☐ 그녀는 너무 늦었어.

☐ 나는 달리기를 잘해.

*Point

가장 먼저 배울 패턴은 be동사 패턴입니다. 'I 뒤에는 am을 쓰고, You 뒤에는 are를 쓴다'는 식으로 복잡하게 외울 필요 없어요. I am... / You are... / He is...와 같이 패턴으로 익히면 머릿속에 통째로 저장이 되어 바로 꺼내 쓸 수 있답니다. be동사 평서문부터 부정문, 의문문까지 패턴으로 자연스럽게 익혀 보세요.

Week 1

be동사 패턴
기분·상태 표현하기

I am...

나는 ~하다 / 나는 ~이다

I am bored.
나는 지루해.

나도!

bored 지루한

✦ I는 '나는'이고, I am...은 '나는 ~하다', '나는 ~이다'예요.

✦ '지루해', '배고파'처럼 내 기분이나 상태를 말할 때는 I am... 또는 줄여서 I'm...으로 시작해요.

✦ 내 이름이나 직업을 말할 때도 I am...을 사용해요.

기본패턴

I am hungry.	나는 배고파.
I am Minsu Kim.	나는 김민수야.

hungry 배고픈

🅣🅘🅟 영어로 이름을 말할 때는 '이름-성'의 순서로 말해요.

✦ I'm 뒤에 so(정말, 아주)를 붙이면 '난 정말/아주 ~하다'라는 뜻이 돼요.

응용패턴

I'm so cold.	나는 아주 추워.
I'm so sorry.	내가 정말 미안해.

cold 추운   sorry 미안한

 🅣🅘🅟 영어 문장 끝에는 항상 구두점을 찍어야 해요.
마침표(.), 물음표(?), 느낌표(!) 중 알맞은 것을 찍어 주세요.

Choose!

(I am / I'm so) hungry. 나는 정말 배고파.

Practice

패턴에 알맞은 표현을 넣어 문장을 완성하세요.

happy
행복한

sad
슬픈

Korean
한국인의

❶ 나는 슬퍼.

I am

❷ 나는 행복해.

❸ 나는 한국인이야.

• Korean(한국인의) 같은 나라 이름은 항상 첫 글자를 대문자로 써요.

excited
신이 난

bored
지루한, 따분한

angry
화가 난

❹ 나는 아주 화가 나.

I'm so

❺ 나는 정말 지루해.

❻ 나는 정말 신이 나.

Pattern 02

I'm not...

나는 ~하지 않다 / 나는 ~이 아니다

I'm not your grandma.
나는 네 할머니가 아니야.

grandma 할머니

✦ I am 뒤에 not(아니다)을 붙이면 '나는 ~하지 않다' 또는 '나는 ~이 아니다'라는 뜻이 돼요.

✦ I am not을 줄여서 I'm not으로 말할 때가 많아요.

✦ 늑대는 자신이 빨간모자의 할머니가 아니라면서 I'm not...을 사용했어요.

기본패턴

I'm not happy.	나는 행복하지 않아.
I'm not Korean.	나는 한국인이 아니야.

happy 행복한　**Korean** 한국인의

✦ 문장 끝에 now(지금, 이제)를 붙이면 '나는 지금/이제 ~하지 않다'라는 뜻이 돼요.

응용패턴

I'm not sad now.	나는 이제 슬프지 않아.
I'm not bored now.	나는 지금 지루하지 않아.

sad 슬픈　**bored** 지루한

 Tip now(지금, 이제)처럼 시간을 나타내는 표현은 보통 문장 끝에 써요.

Choose!

(I am / **I'm not**) **happy.** 나는 행복하지 않아.

Practice

패턴에 알맞은 표현을 넣어 문장을 완성하세요.

hungry
배고픈

late
늦은

Chinese
중국인의

❶ 나는 배고프지 않아.　　　I'm not _____

❷ 나는 안 늦었어.　　　_____

❸ 나는 중국인이 아니야.　　　_____

• Chinese(중국인의) 같은 나라 이름은 항상 첫 글자를 대문자로 써요.

afraid
무서운

sleepy
졸린

thirsty
목마른

❹ 나는 지금 안 졸려.　　　I'm not _____ now.

❺ 나는 지금 목마르지 않아.　　　_____

❻ 나는 이제 무섭지 않아.　　　_____

A 알맞은 문장에 ✓표를 하세요.

1. 나는 화가 나.

ⓐ **I am** angry.

ⓑ **I am not** angry.

2. 나는 슬프지 않아.

ⓐ **I am** sad.

ⓑ **I am not** sad.

3. 내가 정말 미안해.

ⓐ **I'm** sorry.

ⓑ **I'm so** sorry.

4. 나는 지금 지루하지 않아.

ⓐ **I'm not** bored **now**.

ⓑ **I'm not** bored **today**.

B 알맞은 표현을 써서 문장을 완성하세요.

I am	I'm so	I'm not	now

1. 나는 배고파. ➡ ＿＿＿＿＿＿＿ hungry.

2. 나는 안 졸려. ➡ ＿＿＿＿＿＿＿ sleepy.

3. 나는 정말 지루해. ➡ ＿＿＿＿＿＿＿ bored.

4. 나는 지금 추워. ➡ I'm cold ＿＿＿＿＿＿＿ .

C 그림을 참고하여 상황에 알맞은 문장을 쓰세요.

1. _____

나는 무서워. (afraid)

2. _____

나는 아주 신이 나. (excited)

3. _____

저는 배고프지 않아요. (hungry)

4. _____

저는 목말라요. (thirsty)

5. _____

나는 중국 사람이 아니야. (Chinese)

6. _____

나는 한국 사람이야. (Korean)

You are...

너는 ~하다 / 너는 ~이다

You are fast.
너는 빠르구나.

fast 빠른

✦ you는 '너는' 또는 '너희들은'이라는 뜻이에요.

✦ '넌 빠르구나.'처럼 상대방의 상태를 나타내거나 신분을 말할 때는 You are... 또는 줄여서 You're...로 시작해요.

기본패턴

You are late.	너는 늦었어.
You are right.	네가 맞아. (= 네 말이 맞아.)

late 늦은   right 맞은, 옳은

✦ You're 다음에 not(아니다)을 쓰면 '너는 ~하지 않아', '너는 ~이 아니야'라는 뜻이 돼요.

응용패턴

You're not late.	너는 늦지 않았어.
You're not Korean.	너는 한국인이 아니야.

 Tip 문장의 첫 글자는 항상 대문자로 써야 해요.
you are late. (X) You are late. (O)

Choose!

(I am / **You are**) **late.** 너는 늦었어.

 **Practice** 패턴에 알맞은 표현을 넣어 문장을 완성하세요.

kind
친절한

handsome
잘생긴

smart
똑똑한

❶ 너는 잘생겼어.

You are

❷ 너는 똑똑해.

❸ 너는 정말 친절해. + so 정말

tall
키가 큰

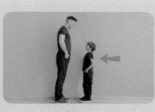
short
키가 작은

a doctor
의사

❹ 너는 키가 작지 않아.

You're not

❺ 너는 키가 크지 않아.

❻ 너는 의사가 아니야.

Are you...?

너는 ~해? / 너는 ~야?

Are you hungry?
너희들 배고프니?

hungry 배고픈

✦ You are의 순서를 바꾼 Are you...?는 '너는 ~해?', '너는 ~야?' 하고 묻는 말이에요.

✦ 상대방의 상태나 신분을 물을 때는 Are you...?로 시작해요.

✦ 할머니는 아이들이 배고픈지 묻기 위해 Are you...?를 사용했어요.

기본패턴

Are you happy?	너는 행복해?
Are you angry?	너는 화났어?

angry 화난

 Tip 의문문(질문하는 문장)의 끝에는 물음표를 붙여요.

✦ Aren't you...?로 물으면 '너는 ~하지 않아?' 또는 '너는 ~ 아니야?'라는 뜻이에요.

응용패턴

Aren't you excited?	너는 신나지 않아?
Aren't you hungry?	너는 배고프지 않아?

excited 신이 난

 Tip Aren't는 Are not의 줄임말이에요.

Choose!

(Are you / Aren't you) busy? 너 바빠?

Practice
패턴에 알맞은 표현을 넣어 문장을 완성하세요.

okay
괜찮은

ready
준비된

a scientist
과학자

❶ 너는 준비됐어?

Are you

❷ 너 괜찮아?

• 상대방이 아파 보이거나 걱정이 될 때 이렇게 물어보세요.

❸ 당신은 과학자인가요?

sleepy
졸린

scared
무서워하는

tired
피곤한

❹ 너는 졸리지 않아?
(= 안 졸려?)

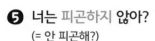

Aren't you

❺ 너는 피곤하지 않아?
(= 안 피곤해?)

❻ 너는 무섭지 않아?
(= 안 무서워?)

• afraid 외에 scared도 '무서워하는'이라는 뜻이에요.

A 알맞은 문장에 √표를 하세요.

1. 너는 친절해.
   ⓐ **I am** kind.
   ⓑ **You are** kind.

2. 너는 힘이 세지 않아.
   ⓐ **You are** strong.
   ⓑ **You're not** strong.

3. 너 괜찮아?
   ⓐ **Are you** okay?
   ⓑ **You are** okay?

4. 너는 신나지 않아?
   ⓐ **Are you** excited?
   ⓑ **Aren't you** excited?

B 알맞은 표현을 써서 문장을 완성하세요.

| You are | You're not | Are you | Aren't you |

1. 너는 준비됐어? ➡ _____ ready?

2. 너는 늦었어. ➡ _____ late.

3. 너는 키가 크지 않아. ➡ _____ tall.

4. 너는 안 무서워? ➡ _____ scared?

그림을 참고하여 상황에 알맞은 문장을 쓰세요.

1. _____
나는 잘생겼어. (handsome)

2. _____
너는 잘생기지 않았어. (handsome)

3. _____
너 괜찮아? (okay)

4. No. _____
아뇨. 저는 아주 피곤해요. (so, tired)

6. No. _____
아니. 나는 과학자란다. (a scientist)

5. _____
당신은 의사인가요? (a doctor)

He is...

그는 ~하다 / 그는 ~이다

He is tall.
그는 키카 커.

tall 키가 큰

◆ he는 남자를 가리키는 말로 '그는'이라는 뜻이에요.

◆ 남자의 상태나 신분을 말할 때는 He is... 또는 줄여서 He's...로 시작해요.

◆ 피에로가 남자여서 He is를 이용해 말했어요.

기본패턴

He is **my dad.**

그는 나의 아빠야.

He is **sleepy.**

그는 졸려.

my 나의   dad 아빠   sleepy 졸린

◆ He's 뒤에 not(아니다)을 쓰면 '그는 ~하지 않아', '그는 ~이 아니야'라는 뜻이 돼요.

응용패턴

He's not **my friend.**

그는 내 친구가 아니야.

He's not **handsome.**

그는 잘생기지 않았어.

my friend 내 친구   handsome 잘생긴

Choose!

(He is / He's not) my dad.   그는 나의 아빠가 아니야.

24

Practice 패턴에 알맞은 표현을 넣어 문장을 완성하세요. 014 015

strong
힘이 센

cute
귀여운

a firefighter
소방관

❶ 그는 소방관이야.

He is

❷ 그는 힘이 세.

❸ 그는 귀여워.

brave
용감한

lonely
외로운

my brother
나의 오빠

❹ 그는 용감하지 **않아**.

He's not

❺ 그는 외롭지 **않아**.

❻ 그는 나의 오빠가 아니야.

• brother는 '형·오빠·남동생' 등 남자 형제를 모두 가리켜요.

She is...
그녀는 ~하다 / 그녀는 ~이다

> **She is beautiful.**
> 그녀는 아름답구나.

beautiful 아름다운

✦ she는 여자를 가리키는 말로 '그녀는'이라는 뜻이에요.

✦ 여자의 상태나 신분을 말할 때는 She is... 또는 줄여서 She's...로 시작해요.

✦ 엄지공주가 여자여서 She is를 이용해 말했어요.

기본패턴

She is my mom.　　　　　　그녀는 나의 엄마야.

She is kind.　　　　　　그녀는 친절해.

mom 엄마　　**kind** 친절한

✦ She's 뒤에 not(아니다)을 쓰면 '그녀는 ~하지 않아', '그녀는 ~이 아니야'라는 뜻이 돼요.

응용패턴

She's not ready.　　　　　　그녀는 준비가 안 됐어.

She's not smart.　　　　　　그녀는 똑똑하지 않아.

ready 준비된　　**smart** 똑똑한

Choose!

(She is / He is) kind. 그녀는 친절해.

Practice
패턴에 알맞은 표현을 넣어 문장을 완성하세요. 017 018

my sister
나의 누나

pretty
예쁜

beautiful
아름다운

❶ 그녀는 예뻐.

She is

❷ 그녀는 아름다워.

❸ 그녀는 나의 누나야.

• sister는 '언니·누나·여동생' 등 여자 형제를 모두 가리켜요.

sick
아픈

lazy
게으른

my teacher
나의 선생님

❹ 그녀는 아프지 않아.

She's not

❺ 그녀는 게으르지 않아.

❻ 그녀는 나의 선생님이 아니야.

A 알맞은 문장에 ✓표를 하세요.

1. 그는 나의 아빠야.

   ⓐ **He is** my dad.

   ⓑ **She is** my dad.

2. 그녀는 나의 엄마야.

   ⓐ **He is** my mom.

   ⓑ **She is** my mom.

3. 그는 나의 오빠가 아니야.

   ⓐ **He's** my brother.

   ⓑ **He's not** my brother.

4. 그녀는 게으르지 않아.

   ⓐ **She's not** lazy.

   ⓑ **She's** lazy.

B 알맞은 표현을 써서 문장을 완성하세요.

| He is | He's not | She is | She's not |

1. 그녀는 귀여워. → _____ cute.

2. 그녀는 내 친구가 아니야. → _____ my friend.

3. 그는 외로워. → _____ lonely.

4. 그는 준비가 안 됐어. → _____ ready.

C 그림을 참고하여 상황에 알맞은 문장을 쓰세요.

1. _____

그는 소방관이에요. (a firefighter)

2. _____

그는 아주 용감해요. (so, brave)

3. _____

그녀는 나의 선생님이에요. (my teacher)

4. _____

그녀는 아주 친절해요. (so, kind)

5. _____

그는 나의 오빠야. (my brother)

6. _____

그는 똑똑해. (smart)

He's very...

그는 아주 ~하다

He's very **big.**
그는 아주 커.

big (덩치가) 큰

✦ very는 '아주', '무척'이라는 뜻이에요.

✦ '아주 ~하다'라고 말할 때는 so 외에 very를 사용해도 돼요.

✦ 왕은 걸리버의 덩치가 아주 크다면서 very를 사용했어요.

기본패턴

He's very **tall.**　　　　　　그는 아주 키가 커.

She's very **pretty.**　　　　그녀는 무척 예뻐.

tall 키가 큰　pretty 예쁜

✦ He's/She's 뒤에 too(너무)를 쓰면 '그는/그녀는 너무 ~하다'라는 뜻이 돼요.

응용패턴

He's too **late.**　　　　　　그는 너무 늦었어.

She's too **tired.**　　　　　그녀는 너무 피곤해.

tired 피곤한

Choose!

(He's very / He's too) busy. 그는 아주 바빠.

Practice
패턴에 알맞은 표현을 넣어 문장을 완성하세요. (020) (021)

thirsty
목마른

shy
수줍어하는

busy
바쁜

❶ 그는 아주 바빠.　　He's very

❷ 그는 아주 목말라.

❸ 그녀는 무척 수줍어해.

thin
마른

young
어린, 젊은

old
늙은

❹ 그는 너무 말랐어.　　He's too

❺ 그는 너무 늙었어.

❻ 그녀는 너무 어려.

Pattern 08

Is she...?

그녀는 ~해? / 그녀는 ~야?

Is she sick?
그녀는 아파?

sick 아픈

✦ She is...의 순서를 바꾼 Is she...?는 '그녀는 ~해?', '그녀는 ~야?'라고 묻는 말이에요.

✦ 난쟁이들은 백설공주의 상태를 묻기 위해 Is she...?를 사용했어요.

✦ '그는 ~해?', '그는 ~야?'라고 물을 때는 Is he...?로 시작해요.

기본패턴

Is she your sister?   그녀는 너의 여동생이야?

Is he okay?   그는 괜찮아?

your 너의   sister 여자 형제   okay 괜찮은

✦ Is 대신 Isn't로 물으면 '그는/그녀는 ~하지 않아?', '그는/그녀는 ~이 아니야?'라는 질문이 돼요.

응용패턴

Isn't she cute?   그녀는 귀엽지 않아?

Isn't he your brother?   그는 너의 남동생이 아니야?

cute 귀여운   brother 남자 형제   Tip Isn't는 Is not의 줄임말이에요.

Choose!

(Is she / Isn't she) okay? 그녀는 괜찮아?

Practice

패턴에 알맞은 표현을 넣어 문장을 완성하세요.

a cook
요리사

famous
유명한

your mom
너의 엄마

❶ 그녀는 너의 엄마시니?

Is she

• mom은 mother(엄마)보다 더 친근한 느낌이에요.

❷ 그녀는 요리사야?

❸ 그는 유명해?

great
대단한, 정말 좋은

lovely
사랑스러운

your dad
너의 아빠

❹ 그는 너의 아빠가 아니시니?

Isn't he

• dad는 father(아빠)보다 더 친근한 느낌이에요.

❺ 그는 대단하지 않아?

❻ 그녀는 사랑스럽지 않니?

A 알맞은 문장에 √표를 하세요.

1. 그는 무척 유명해.

   ⓐ **He's very** famous.

   ⓑ **He's too** famous.

2. 그녀는 너무 지루해.

   ⓐ **She's very** bored.

   ⓑ **She's too** bored.

3. 그녀는 네 여동생이야?

   ⓐ **She is** your sister?

   ⓑ **Is she** your sister?

4. 그는 네 남동생 아니야?

   ⓐ **Is he** your brother?

   ⓑ **Isn't he** your brother?

B 알맞은 표현을 써서 문장을 완성하세요.

She's too	He's very	Isn't he	Is she

1. 그는 무척 바빠. ➔ _____ busy.

2. 그녀는 너무 늦었어. ➔ _____ late.

3. 그녀는 요리사예요? ➔ _____ a cook?

4. 그는 너의 아빠가 아니시니? ➔ _____ your dad?

C 그림을 참고하여 상황에 알맞은 문장을 쓰세요.

1. _____
그녀는 무척 피곤해. (tired)

2. _____
그녀는 너무 피곤해. (tired)

3. _____
그는 키가 큰가요? (tall)

4. Yes. _____
네. 그는 키가 아주 커요. (tall)

5. _____
저 애는 네 여동생 아냐? (your sister)

6. No. _____
아니야. 저 애는 내 친구야. (my friend)

I'm good at...

나는 ~을 잘한다

I'm good at singing.
나는 노래를 잘해.

singing 노래하는 것

✦ 내가 잘하는 것을 말할 때는 I'm good at...을 사용해요.

✦ '나는 ~을 잘 못한다'라고 하려면 not을 넣어서 I'm not good at...이라고 해요.

기본패턴

I'm good at **English.** 나는 영어를 잘해.

I'm not good at **running.** 나는 달리기를 잘 못해.

English 영어 **running** 달리기

✦ *주어를 You/He/She 등으로 바꿔서 다른 사람이 잘하는 것도 표현해 보세요.

응용패턴

You're good at **baseball.** 너는 야구를 잘하는구나.

She's good at **cooking.** 그녀는 요리를 잘해.

baseball 야구 **cooking** 요리하는 것

 Tip 주어: I(나는), You(너는)처럼 문장에서 '누가'에 해당하는 말이에요.
영어에서 주어는 보통 문장 맨 앞에 와요.

Choose!

(**I'm good at** / I'm not good at) **running.** 나는 달리기를 잘해.

Practice

패턴에 알맞은 표현을 넣어 문장을 완성하세요.

soccer
축구

math
수학

singing
노래하는 것

❶ 나는 축구를 잘해.   I'm good at

❷ 나는 노래를 잘해.

❸ 나는 수학을 잘 못해.

science
과학

dancing
춤추는 것

swimming
수영하는 것

❹ 너는 춤을 잘 추는구나.   You're good at

❺ 그녀는 과학을 잘해.

❻ 그는 수영을 잘 못해.

She's a good...

그녀는 훌륭한 ~이다

 028

She's a good dancer.
그녀는 훌륭한 댄서야.

dancer 댄서, 무용수

✦ 직업이나 신분 앞에 good을 붙이면 그 일을 잘한다는 칭찬이 돼요.

✦ She's a good dancer.는 '그녀는 훌륭한 댄서야.', 즉 '그녀는 춤을 잘 춰.'라는 말이에요.

✦ I'm a good...은 '나는 훌륭한 ~이다', 즉 '나는 ~을 잘한다'예요.

기본패턴

He's a good **doctor.**	그는 훌륭한 의사야. (= 그는 치료를 잘해.)
I'm a good **cook.**	나는 훌륭한 요리사야. (= 나는 요리를 잘해.)

doctor 의사   cook 요리사

Tip cook은 '요리하다'도 되고, '요리사'도 돼요.

✦ 잘한다고 더 강조하려면 good 대신 great(아주 훌륭한, 위대한)을 사용해요.

응용패턴

He's a great **scientist.**	그는 위대한 과학자예요.
She's a great **writer.**	그녀는 아주 훌륭한 작가예요.

scientist 과학자   writer 작가

Choose!

(He's a good / He's a great) doctor. 그는 위대한 의사야.

Practice

패턴에 알맞은 표현을 넣어 문장을 완성하세요. 🎧029 🎧030

actor
배우

singer
가수

dancer
댄서, 무용수

① 그녀는 훌륭한 가수야.
(= 그녀는 노래를 잘해.)

She's a good _____

② 나는 훌륭한 댄서야.
(= 나는 춤을 잘 춰.)

③ 당신은 훌륭한 배우예요.
(= 당신은 연기를 잘해요.)

nurse
간호사

teacher
선생님

artist
화가

④ 그녀는 아주 훌륭한 간호사예요.

She's a great _____

⑤ 그는 아주 훌륭한 선생님이에요.

⑥ 당신은 아주 훌륭한 화가예요.

A 알맞은 문장에 √표를 하세요.

1. 나는 노래를 잘해.

ⓐ **I'm good at** singing.
ⓑ **I'm not good at** singing.

2. 그는 춤을 잘 춰.

ⓐ He's good at **cooking**.
ⓑ He's good at **dancing**.

3. 그녀는 훌륭한 선생님이야.

ⓐ **She's a good** teacher.
ⓑ **She's a bad** teacher.

4. 그는 위대한 화가예요.

ⓐ He's a great **writer**.
ⓑ He's a great **artist**.

B 알맞은 표현을 써서 문장을 완성하세요.

I'm not good at	He's good at	She's a good	He's a great

1. 그는 과학을 잘해. ➡ _____ science.

2. 그녀는 훌륭한 간호사야. ➡ _____ nurse.

3. 나는 달리기를 잘 못해. ➡ _____ running.

4. 그는 위대한 화가예요. ➡ _____ artist.

C 그림을 참고하여 상황에 알맞은 문장을 쓰세요.

1. _____

나는 영어를 잘해. (English)

2. But _____

하지만 나는 수학은 못해. (math)

3. _____

그는 축구를 잘해. (soccer)

4. But _____

하지만 그는 야구는 못해. (baseball)

5. _____

그녀는 훌륭한 가수야. (= 그녀는 노래를 잘해.) (singer)

6. _____

그는 훌륭한 댄서야. (= 그는 춤을 잘 춰.) (dancer)

A 사진을 보고 알맞은 단어를 고르세요.

1.

    I am (tired / excited).

    I am not (tired / excited).

2.

    You are not (tall / short).

    You are (tall / short).

3.

    He is my (mom / dad).

    He is good at (singing / dancing).

4.

    A: Are you (happy / sad)?

    B: No, I am (happy / sad).

5.

    A: Aren't you (shy / afraid)?

    B: No, I am (afraid / brave).

6.

    She is good at (English / math).

    She is very (smart / sleepy).

B 알맞은 패턴과 표현을 찾아서 연결하세요.

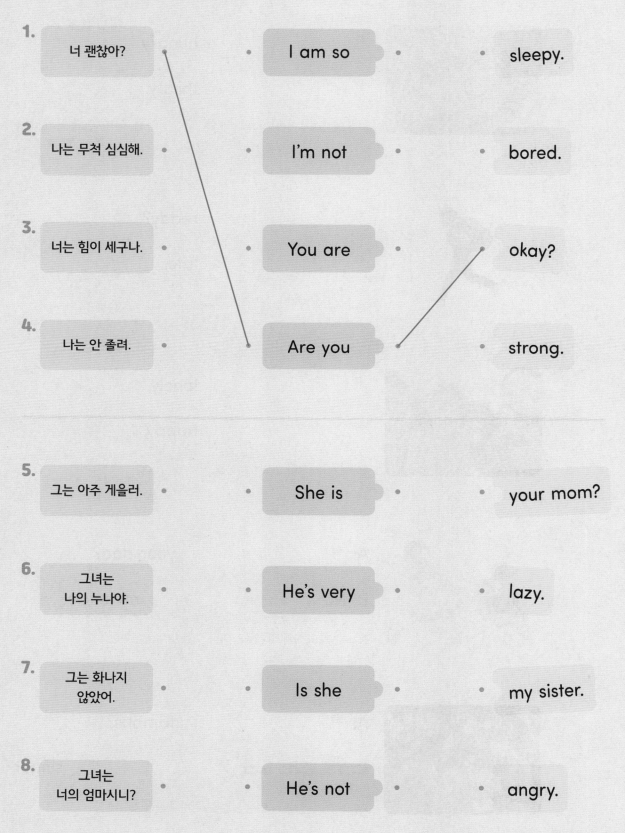

1. 너 괜찮아? — I am so — sleepy.

2. 나는 무척 심심해. — I'm not — bored.

3. 너는 힘이 세구나. — You are — okay?

4. 나는 안 졸려. — Are you — strong.

5. 그는 아주 게을러. — She is — your mom?

6. 그녀는 나의 누나야. — He's very — lazy.

7. 그는 화나지 않았어. — Is she — my sister.

8. 그녀는 너의 엄마시니? — He's not — angry.

빈칸에 알맞은 표현을 써서 문장을 완성하세요.

1.

① [   ] hungry.

② [   ] thirsty.

나는 배고프지 않아. / 나는 목말라.

2.

① [   ] ready?

② [   ] late.

너 준비됐어? / 너는 늦었어.

3.

① [   ] lonely.

② [   ] happy.

그는 외롭지 않아. / 그는 행복해.

4.

A: ① [   ] your dad?

B: No. ② [   ] my uncle.

A: 그는 너의 아빠시니? / B: 아니, 그는 나의 삼촌이야.

5.

A: ① [   ] famous?

B: Yes. She is a ② [   ] singer.

A: 그녀는 유명해? / B: 응, 그녀는 아주 훌륭한 가수야.

빈칸에 알맞은 표현을 써서 글을 완성하세요.

Hi! I am Jimin.

I am Korean.

❶ _____ tall.

But ❷ _____ running.

How about you?

➡ 안녕! 나는 지민이야. 나는 한국인이야.
나는 키가 크지 않아. 하지만 나는 달리기를 잘해. 너는 어때?

I like Ms. Smith.

She is my teacher.

❸ _____ kind.

❹ _____ teaching.

She is a good teacher.

➡ 나는 스미스 씨를 좋아한다. 그녀는 나의 선생님이다. 그녀는 무척 친절하다.
그녀는 가르치는 것을 잘한다. 그녀는 훌륭한 선생님이다.

다음 문장을
영어로 표현할 수 있나요?

- -

☐ 그것은 무거워.

☐ 그것은 너무 짜.

☐ 그것은 정말 어려워.

☐ 그것은 무섭지 않니?

☐ 저녁 먹을 시간이야.

*Point

Week 1에 이어 be동사 패턴을 익힙니다. 특히 It is...는 사물·동물뿐만 아니라 상황이나 날씨를 설명할 때도 유용하므로 잘 익혀 두었다가 자주 사용해 보세요. 패턴 19~20에서는 〈일반명사 주어+be동사〉 패턴을 연습하면서 명사의 단수형과 복수형을 익히고, 그에 따라 뒤에 오는 be동사가 달라지는 것을 알게 됩니다.

Week 2

be동사 패턴
그것에 대해 표현하기

It is...

그것은 ~하다 / 그것은 ~이다

It is a wolf!
늑대다!

맛있겠군!

wolf 늑대

✦ it은 '그것'이라는 뜻이에요. 상황에 따라 '이것', '저것'이라는 뜻으로도 쓰여요.

✦ 사물·동물 등이 무엇인지, 상태가 어떤지 말할 때는 It is... 또는 줄여서 It's...로 시작해요.

✦ 늑대는 동물이기 때문에 It is...를 사용했어요.

기본패턴

It is a dog.	그것은 개야.
It is small.	그것은 작아.

dog 개   small 작은

✦ It's 뒤에 not(아니다)을 쓰면 '그것은 ~하지 않다', '그것은 ~이 아니다'라는 뜻이 돼요.

응용패턴

It's not a cat.	그것은 고양이가 아니야.
It's not big.	그것은 크지 않아.

cat 고양이   big 큰

Choose!

(It is / It's not) **big.** 그것은 크지 않아.

48

 **Practice** 패턴에 알맞은 표현을 넣어 문장을 완성하세요.

a whale	heavy	light
고래	무거운	가벼운

❶ 그것은 무거워.

It is

❷ 그것은 가벼워.

❸ 그것은 고래야.

a shark	dirty	clean
상어	더러운	깨끗한

❹ 그것은 깨끗하지 않아.

It's not

❺ 그것은 더럽지 않아.

❻ 그것은 상어가 아니야.

It's...

(날씨가) ~하다

 034

> It's hot.
> 덥구나.

hot 더운

✦ 날씨가 어떤지 말할 때도 It's...로 시작해요.

✦ 나그네는 날씨가 덥다면서 It's...를
사용했어요.

✦ 계절이나 요일, 시간을 말할 때도
It's...를 사용해요.

기본패턴

| It's **spring.** | 봄이야. |
| It's **cold.** | 추워. |

spring 봄

 Tip 날씨를 말할 때의 It은 '그것은'이라고 해석할 필요 없어요.

✦ today(오늘)를 문장 끝에 붙여서 오늘의 날씨를 표현해 보세요.

응용패턴

| It's **hot** today. | 오늘은 더워. |
| It's **warm** today. | 오늘은 따뜻해. |

hot 더운   warm 따뜻한

 Tip today(오늘)처럼 시간을 나타내는 표현은 보통 문장 끝에 와요.

Choose!

(Its / **It's**) hot today. 오늘은 더워.

 **Practice** 패턴에 알맞은 표현을 넣어 문장을 완성하세요.

cloudy 구름이 낀	**sunny** 화창한	**winter** 겨울

❶ 화창해.

It's

❷ 구름이 꼈어.

❸ 겨울이야.

windy 바람이 부는	**snowy** 눈이 오는	**rainy** 비가 오는

❹ 오늘은 바람이 불어.

It's   today.

❺ 오늘은 비가 와.

❻ 오늘은 눈이 와.

Check-up Pattern 11-12

A 알맞은 문장에 ✔표를 하세요.

1. 그것은 고양이야.
   ⓐ **It is** a cat.
   ⓑ **He is** a cat.

2. 그것은 작지 않아.
   ⓐ **It's** small.
   ⓑ **It's not** small.

3. 겨울이야.
   ⓐ **I'm** winter.
   ⓑ **It's** winter.

4. 오늘은 더워.
   ⓐ It's hot **today**.
   ⓑ It's hot **now**.

B 알맞은 표현을 써서 문장을 완성하세요.

| It is | It's not | today | It is |

1. 그것은 무거워. → _____ heavy.

2. 그것은 크지 않아. → _____ big.

3. 화창해. → _____ sunny.

4. 오늘은 바람이 불어. → It's windy _____.

52

C 그림을 참고하여 상황에 알맞은 문장을 쓰세요.

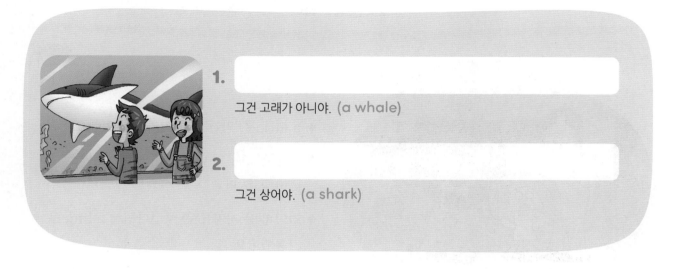

1. _____

   그건 고래가 아니야. (a whale)

2. _____

   그건 상어야. (a shark)

3. _____

   화창하지 않아요. (sunny)

4. _____

   구름이 꼈어요. (cloudy)

5. _____

   그것은 깨끗하지 않아. (clean)

6. _____

   그것은 더러워. (dirty)

It's a little...

그것은 좀 ~하다

It's a little scary.
좀 무섭다.

scary 무서운

✦ a little은 '약간', '좀'이라는 뜻이에요.

✦ '그것은 좀 ~해'라고 하려면 It's 뒤에 a little을 써요.

✦ 겁이 많은 사자는 좀 무섭다면서 a little을 사용했어요.

기본패턴

It's a little dirty. 그것은 좀 더러워.

It's a little cold. 조금 추워.

dirty 더러운

✦ It's 뒤에 really(정말, 아주)를 쓰면 '그것은 정말/아주 ~해'라는 뜻이 돼요.

응용패턴

It's really good. 그것은 정말 좋아.

It's really clean. 그것은 정말 깨끗해.

good 좋은   clean 깨끗한

 '정말/아주/무척 ~하다'라고 말할 때
so, very, really를 모두 쓸 수 있어요.

Choose!
It's (a little / really) dirty. 그것은 조금 더러워.

54

Practice
패턴에 알맞은 표현을 넣어 문장을 완성하세요. 038 039

big
큰

small
작은

salty
짠

❶ 그것은 좀 작아.

It's a little

❷ 그것은 좀 커.

❸ 그것은 조금 짜.

• salt(소금)에 y를 붙인 salty는 '(맛이) 짠'이라는 뜻이에요.

easy
쉬운

difficult
어려운

fun
재미있는

❹ 그것은 정말 쉬워.

It's really

❺ 그것은 정말 어려워.

❻ 정말 재미있어.

• 눈에 보이지 않는 상황을 말할 때도 It으로 시작하면 돼요.

Pattern 14

It's too...

그것은 너무 ~하다

It's too small.
너무 작군요.

small 작은

✦ too는 '너무'라는 뜻이에요.

✦ '그것은 너무 ~하다'라고 하려면 It's 뒤에 too를 써요.

✦ 신데렐라의 언니에게는 신발이 너무 작아서 It's too...를 사용했어요.

기본패턴

It's too heavy.	그것은 너무 무거워.
It's too salty.	그것은 너무 짜.

heavy 무거운   salty (맛이) 짠

✦ It's 뒤에 still(아직, 여전히)을 쓰면 '그것은 아직/여전히 ~해'라는 뜻이 돼요.

응용패턴

It's still hot.	그것은 아직 뜨거워.
It's still hard.	그것은 여전히 어려워.

hot 뜨거운, 더운   hard 어려운

Choose!

It's (too / still) heavy. 그것은 너무 무거워.

56

Practice

패턴에 알맞은 표현을 넣어 문장을 완성하세요. 🎧041 🎧042

sweet
달콤한

spicy
매운

scary
무서운

❶ 그것은 너무 무서워.

It's too

● 사람이 무서움을 느끼면 scared, 사물·상황이 무서움을 느끼게 하면 scary를 써요.

❷ 그것은 너무 달아.

❸ 그것은 너무 매워.

● spicy는 김치처럼 '양념이 강하거나 매운' 것을 말해요.

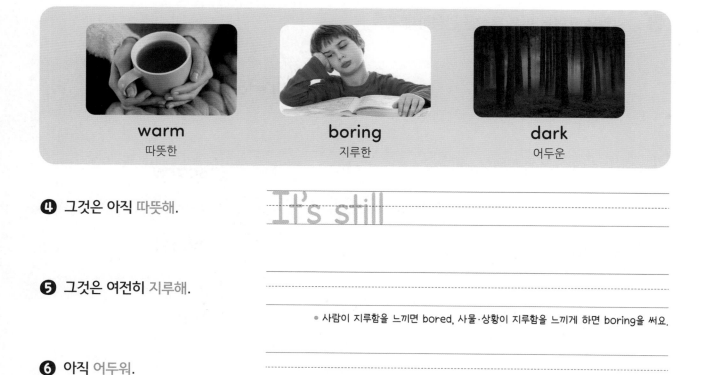

warm
따뜻한

boring
지루한

dark
어두운

❹ 그것은 아직 따뜻해.

It's still

❺ 그것은 여전히 지루해.

● 사람이 지루함을 느끼면 bored, 사물·상황이 지루함을 느끼게 하면 boring을 써요.

❻ 아직 어두워.

A 알맞은 문장에 √표를 하세요.

1. 그것은 조금 커.

   ⓐ **It's a little** big.

   ⓑ **It's really** big.

2. 그것은 아주 재미있어.

   ⓐ **It's still** fun.

   ⓑ **It's really** fun.

3. 그것은 너무 지루해.

   ⓐ **It's a little** boring.

   ⓑ **It's too** boring.

4. 그것은 아직 따뜻해.

   ⓐ **It's still** warm.

   ⓑ **It's too** warm.

B 알맞은 표현을 써서 문장을 완성하세요.

| It's a little | It's really | It's too | It's still |

1. 그것은 좀 무서워. ➡ _____ scary.

2. 그것은 너무 달아. ➡ _____ sweet.

3. 정말 덥다. ➡ _____ hot.

4. 아직 어두워. ➡ _____ dark.

C 그림을 참고하여 상황에 알맞은 문장을 쓰세요.

1. _____
   조금 무거워. (heavy)

2. _____
   정말 무거워. (heavy)

3. _____
   너무 무거워. (heavy)

4. _____
   조금 매워요. (spicy)

5. _____
   정말 매워요. (spicy)

6. _____
   너무 매워요. (spicy)

7. _____
   정말 쉬워요. (easy)

8. _____
   조금 어려워요. (difficult)

9. _____
   너무 어려워요. (difficult)

Is it...?

그것은 ~해? / 그것은 ~야?

Is it a cat?
저것은 고양이야?

cat 고양이

✦ It is...의 순서를 바꾼 Is it...?은 '그것은 ~해요?', '그것은 ~예요?'라고 묻는 말이에요.

✦ 시골쥐는 그것이 고양이냐고 묻기 위해 Is it...?을 사용했어요.

기본패턴

Is it a pig?	그것은 돼지예요?
Is it good?	그것은 좋아요/맛있어요?

pig 돼지   good 좋은, 맛있는

Tip good은 '좋은' 외에 '맛있는'이라는 뜻으로도 많이 쓰여요.

✦ Is 대신 Isn't로 물으면 '그것은 ~하지 않아?', '그것은 ~ 아니야?'라는 뜻이 돼요.

응용패턴

Isn't it scary?	그것은 무섭지 않아요?
Isn't it spicy?	그것은 맵지 않아요?

scary 무서운   spicy 매운

Tip Isn't는 Is not의 줄임말이에요.

Choose!

(Is it / Isn't it) a pig?   그것은 돼지예요?

 **Practice** 패턴에 알맞은 표현을 넣어 문장을 완성하세요.

a rose
장미

a tulip
튤립

cheap
싼

❶ 그것은 장미예요?

Is it

❷ 그것은 튤립이에요?

❸ 그것은 (값이) 싼가요?

delicious
맛있는

funny
웃기는

expensive
비싼

❹ 그거 웃기지 않아요?

Isn't it

• fun은 '재미있는'이고, funny는 '웃기는'이에요.

❺ 그거 맛있지 않아요?

❻ 그거 비싸지 않아요?

Pattern 15   61

Pattern 16

It's time to...

~할 시간이다

It's time to go home.
집에 갈 시간이야.

go home 집에 가다

✦ time은 '시간'이라는 뜻이에요.

✦ It's time to 뒤에 *동사를 쓰면
'~할 시간이다'라는 뜻이에요.

✦ 신데렐라는 집에 갈 시간이라면서
It's time to...를 사용했어요.

기본패턴

It's time to **sing.**	노래할 시간이야.
It's time to **dance.**	춤 출 시간이야.

sing 노래하다   dance 춤추다

 • 동사: 움직임이나 상태를 나타내는 말
예) sing 노래하다   dance 춤추다

✦ 〈It's time for + *명사〉도 '~할 시간이다'라는 뜻이에요.

응용패턴

It's time for **breakfast.**	아침 먹을 시간이야.
It's time for **school.**	학교 갈 시간이야.

breakfast 아침 식사   school 학교

 • 명사: 이름을 나타내는 말
예) breakfast 아침 식사   school 학교

Choose!

(**It's time to** / **It's time for**) breakfast.   아침 먹을 시간이야.

 패턴에 알맞은 표현을 넣어 문장을 완성하세요. 047 048

study
공부하다

begin
시작하다

get up
일어나다

❶ 일어날 **시간이야.**

It's time to

❷ 공부할 **시간이야.**

❸ 시작할 **시간이야.**

lunch
점심 식사

dinner
저녁 식사

bed
침대

❹ 점심 먹을 **시간이야.**

It's time for

❺ 저녁 먹을 **시간이야.**

❻ 잠 잘 **시간이야.**

• '침대에 들 시간이다', 즉 '잠잘 시간이다'라는 말이에요.

A 알맞은 문장에 ✔표를 하세요.

1. 그것은 장미예요?

   ⓐ **It is** a rose?

   ⓑ **Is it** a rose?

2. 그거 안 무서워요?

   ⓐ **Is it** scary?

   ⓑ **Isn't it** scary?

3. 시작할 시간이야.

   ⓐ **It's time to** begin.

   ⓑ **It's time for** begin.

4. 점심 먹을 시간이야.

   ⓐ **It's time to** lunch.

   ⓑ **It's time for** lunch.

B 알맞은 표현을 써서 문장을 완성하세요.

> Is it   Isn't it   It's time to   It's time for

1. 그거 웃기지 않아요? ➡ _____ funny?

2. 저녁 먹을 시간이야. ➡ _____ dinner.

3. 공부할 시간이야. ➡ _____ study.

4. 그것은 튤립이에요? ➡ _____ a tulip?

C 그림을 참고하여 상황에 알맞은 문장을 쓰세요.

1. _____

그거 맛있어? (delicious)

2. No. _____

아뇨. 너무 짜요. (too, salty)

3. _____

그건 비싸? (expensive)

4. No. _____

아니. 이건 정말 싸. (really, cheap)

5. _____

일어날 시간이야. (get up)

6. _____

아침 먹을 시간이야. (breakfast)

We are...

우리는 ~하다 / 우리는 ~이다

> **We are rich now.**
> 이제 우린 부자야.

rich 부유한

✦ we는 '우리는'이라는 뜻이에요.

✦ 우리의 상태나 신분을 말할 때는 We are...
또는 줄여서 We're...로 시작해요.

✦ 알라딘의 엄마는 자신들이 부자라면서
We are...를 사용했어요.

기본패턴

We are late.	우리는 늦었어.
We are scared.	우리는 무서워요.

scared 무서워하는

✦ We're 뒤에 all(모두)을 넣으면 '우리는 모두 ~하다/이다'라는 뜻이 돼요.

응용패턴

We're all excited.	우리는 모두 신이 났어.
We're all Korean.	우리는 모두 한국인이에요.

Choose!

(**We are** / **We're all**) excited. 우리는 모두 신이 났어.

66

 **Practice** 패턴에 알맞은 표현을 넣어 문장을 완성하세요.

rich
부자인, 부유한

lucky
운이 좋은

safe
안전한

❶ 우리는 운이 좋아.

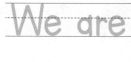 We are

❷ 우리는 부자야.

❸ 우리는 안전해.

poor
가난한

friends
친구들

nervous
긴장한

❹ 우리는 모두 가난해.

We're all

❺ 우리는 모두 긴장했어.

❻ 우리는 모두 친구야.

They are...

그들은 ~하다 / 그들은 ~이다

They are amazing.
그들은 놀랍구나.

amazing 놀라운

✦ they는 '그들은', '그것들은'이라는 뜻이에요.

✦ 그들/그것들의 상태나 신분을 말할 때는
They are... 또는 줄여서 They're...로 시작
해요.

✦ 할아버지는 요정들을 보고 They are...를
사용해 말했어요.

기본패턴

They are poor.　　　　그들은 가난해.

They are roses.　　　　그것들은 장미야.

poor 가난한　rose 장미

 Tip they는 사람뿐만 아니라 사물·동물도 가리켜요.

✦ They are...의 순서를 바꾼 Are they...?는 '그들은 ~해?', '그들은 ~야?'라고 묻는 말이에요.

응용패턴

Are they rich?　　　　그들은 부자야?

Are they tulips?　　　　그것들은 튤립이야?

rich 부자인　tulip 튤립

 Tip 지금까지 배운 am/are/is를 'be동사'라고 해요.
주어와 be동사를 짝지어 외워 두세요.
I am / You are / We are / They are / He is / She is / It is

Choose!

(They are / Are they) tulips? 그것들은 튤립이야?

Practice

패턴에 알맞은 표현을 넣어 문장을 완성하세요.

my parents
나의 부모님

popular
인기가 많은

mine
내 것

❶ 그들은 인기가 많아.

They are

❷ 그들은 나의 부모님이야.

❸ 그것들은 내 거야.

the same
같은

singers
가수들

yours
네 것

❹ 그들은 가수야?

Are they

❺ 그것들은 네 거야?

❻ 그것들은 같아?

Pattern 18　69

A 알맞은 문장에 √표를 하세요.

1. 우리는 늦었어.
   ⓐ **We are** late.
   ⓑ **They are** late.

2. 그들은 운이 안 좋아.
   ⓐ **We're not** lucky.
   ⓑ **They're not** lucky.

3. 우리는 모두 안전해.
   ⓐ **We're all** safe.
   ⓑ **We're very** safe.

4. 그들은 한국인이야?
   ⓐ **Are you** Korean?
   ⓑ **Are they** Korean?

B 알맞은 표현을 써서 문장을 완성하세요.

We are	We're all	They are	Are they

1. 그것들은 같아. ➡ _____ the same.

2. 우리는 친구야. ➡ _____ friends.

3. 그들은 부자야? ➡ _____ rich?

4. 우리는 모두 긴장했어. ➡ _____ nervous.

1. _____
그들은 가수야? (singers)

2. Yes. _____
응. 그들은 아주 인기가 많아. (very, popular)

3. _____
그것들은 네 거니? (yours)

4. No. _____
아뇨. 그것들은 내 것이 아니에요. (mine)

5. _____
우리는 안 무서워. (scared)

6. _____
우리는 모두 신이 났어. (excited)

Pattern 19

The wind is...

바람이 ~하다

The wind is **strong.**
바람이 세군.

strong 힘이 센, 강한

✦ be동사 앞에 다양한 주어를 넣어 봐요.

✦ 주어가 *단수(한 개 또는 한 명)일 때는 뒤에 is를 써서 '~은 ~하다/이다'라고 해요.

✦ the wind(바람)는 단수이므로 is를 붙여서 '바람이 ~하다'라고 말했어요.

기본패턴

The water is cold.   그 물은 차가워.

The book is not boring.   그 책은 지루하지 않아.

water 물   cold 차가운
book 책   boring 지루한

 Tip   water, book은 단수이므로 is를 붙여요.

✦ 사람 한 명의 이름 뒤에도 is를 써요.

응용패턴

Mina is very kind.   미나는 무척 친절해.

Tom is very popular.   톰은 아주 인기가 많아.

popular 인기가 많은

 Tip   단수: 한 개나 한 명   예) book 책   dog 개   flower 꽃
복수: 두 개나 두 명 이상   예) books 책들   dogs 개들   flowers 꽃들

Choose!

The book (is / are) boring. 그 책은 지루해.

72

Practice
패턴에 알맞은 표현을 넣어 문장을 완성하세요.

large
큰, 넓은

deep
깊은

scary
무서운

brave
용감한

American
미국인의

my best friend
나의 가장 친한 친구

❶ 그 개는 무서워. + the dog 그 개

The dog is

❷ 그 집은 커. + the house 그 집

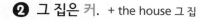

● 크고 넓은 것을 말할 때는 big보다 large가 어울려요.

❸ 그 강은 깊지 않아. + the river 그 강

❹ 에이미는 미국인이야. + Amy 에이미

Amy is

❺ 줄리는 정말 용감해. + Julie 줄리 really 정말

❻ 앤은 나의 가장 친한 친구야. + Ann 앤

The flowers are...
그 꽃들은 ~하다

 058

The flowers are pretty.
꽃들이 예쁘다.

pretty 예쁜

✦ 주어가 *복수일 때는 뒤에 are를 붙여서 '~은 ~하다/이다'라고 해요.

✦ the flowers(꽃들)는 복수이므로 are를 붙여서 '그 꽃들은 ~하다'라고 말했어요.

기본패턴

The trees are tall.   그 나무들은 키가 커.

The cookies are delicious.   그 쿠키들은 맛있어.

tree 나무   cookie 쿠키
delicious 맛있는

Tip trees, cookies는 복수이므로 are를 붙여요.

✦ 동물의 특징을 말할 때는 보통 복수형 주어를 사용하고 are를 써요.

응용패턴

Dogs are very smart.   개들은 무척 똑똑하다.

Elephants are very large.   코끼리들은 아주 크다.

elephant 코끼리   large 큰

Tip 복수형 만드는 법
• 대부분의 단어는 끝에 s를 붙여요. 예) tree 나무 → trees 나무들
• s, x, z, ch, sh로 끝나는 단어는 es를 붙여요. 예) bus 버스 → bus**es** 버스들
• y로 끝나는 단어는 y를 i로 바꾸고 es를 붙여요.
  예) puppy 강아지 → pupp**ies** 강아지들

Choose!

The trees (is / are) tall. 그 나무들은 키가 크다.

74

Practice

패턴에 알맞은 표현을 넣어 문장을 완성하세요.

red
빨간색의

blue
파란색의

cute
귀여운

fast
빠른

slow
느린

strong
힘이 센

❶ 그 신발들은 파란색이야. + the shoes 그 신발들

The shoes are

❷ 그 양말들은 빨간색이야. + the socks 그 양말들

❸ 그 강아지들은 귀여워. + the puppies 그 강아지들

❹ 사자들은 무척 힘이 세다. + lions 사자들 very 무척

Lions are

❺ 토끼들은 무척 빠르다. + rabbits 토끼들 very 무척

❻ 거북이들은 무척 느리다. + turtles 거북이들 very 무척

A 알맞은 문장에 ✔표를 하세요.

1. 그 강은 깊어.
   ⓐ **The river is** deep.
   ⓑ **The river are** deep.

2. 그 신발들은 파란색이야.
   ⓐ **The shoes is** blue.
   ⓑ **The shoes are** blue.

3. 줄리는 아주 용감해.
   ⓐ **Julie is** very brave.
   ⓑ **Julie are** very brave.

4. 개들은 무척 똑똑해.
   ⓐ **Dog is** very smart.
   ⓑ **Dogs are** very smart.

B 알맞은 표현을 써서 문장을 완성하세요.

| is | are | is | are |

1. 미나는 무척 친절해. ➡ Mina _____ very kind.

2. 그 쿠키들은 맛있어. ➡ The cookies _____ delicious.

3. 그 책은 지루하지 않아. ➡ The book _____ not boring.

4. 토끼들은 무척 빠르다. ➡ Rabbits _____ very fast.

C 그림을 참고하여 상황에 알맞은 문장을 쓰세요.

1. _____

그 집은 크다. (the house, large)

2. _____

그 나무들은 키가 크다. (the trees, tall)

3. _____

저 강아지들은 귀여워. (the puppies, cute)

4. But _____

하지만 저 큰 개는 무서워. (the big dog, scary)

5. _____

그 강은 깊지 않아. (the river, deep)

6. But _____

하지만 물이 너무 차가워. (the water, too, cold)

A 사진을 보고 알맞은 단어를 고르세요.

1.

   It is not (cheap / expensive).

   It is (cheap / expensive).

2.

   They are not (tulips / roses).

   They are (tulips / roses).

3.

   A: Is it (clean / dirty)?

   B: No. It's very (clean / dirty).

4.

   We are (tired / nervous).

   We are (scared / sleepy).

5.

   A: Is it (sunny / cloudy)?

   B: No. It's (sunny / cloudy).

6.

   The socks are (blue / red).

   The shoes are (blue / red).

B 알맞은 패턴과 표현을 찾아서 연결하세요.

1. 그것은 너무 짜. · · It's too · · a pig.

2. 그것은 지루해? · · It's not · · difficult.

3. 그것은 돼지가 아니야. · · Is it · · salty.

4. 그것은 좀 어려워. · · It's a little · · boring?

5. 그들은 인기가 많아. · · It's time for · · popular.

6. 우리는 모두 한국인이야. · · They're · · Korean.

7. 그들은 부자야? · · Are they · · breakfast.

8. 아침 먹을 시간이야. · · We're all · · rich?

C   빈칸에 알맞은 표현을 써서 문장을 완성하세요.

1.

   A: ❶ _____ fun?

   B: No. ❷ _____ scary.

   A: 그것은 재미있어? / B: 아니. 그것은 무서워.

2.

   ❶ _____ big.

   ❷ _____ heavy.

   가방이 커. / 그것은 정말 무거워.

3.

   ❶ _____ get up.

   ❷ _____ late.

   일어날 시간이야. / 우리는 늦었어.

4.

   ❶ _____ spicy.

   And ❷ _____ salty.

   그것은 너무 매워. / 그리고 그것은 약간 짜.

5.

   The ❶ _____ delicious.

   ❷ _____ really sweet.

   그 쿠키들은 맛있어. / 그것들은 정말 달콤해.

D 빈칸에 알맞은 표현을 써서 글을 완성하세요.

It's spring.

It's not cold.

① [_____] warm today.

The ② [_____] pretty.

I love spring.

➡ 봄이다. 춥지 않다. **오늘은 따뜻하다.**
꽃들이 예쁘다. 나는 봄이 정말 좋다.

I have two dogs.

They are very smart.

I have a cat.

③ [_____] cute.

④ [_____] good friends.

➡ 나는 개가 두 마리 있어. 그들은 정말 똑똑해. 나는 고양이가 한 마리 있어.
그것은 정말 귀여워. 우리는 모두 좋은 친구야.

다음 문장을
영어로 표현할 수 있나요?

- ☐ 나는 치킨을 좋아해.
- ☐ 너는 포도 좋아해?
- ☐ 그는 당근을 안 좋아해.
- ☐ 나는 벌레를 싫어해.
- ☐ 나는 춤추는 것을 정말 좋아해.

*Point

like는 가장 많이 쓰이는 일반동사 중 하나입니다. 〈주어＋like＋목적어〉 형태의 3형식 문장을 만들면서 영어는 우리말과 목적어의 위치가 다르다는 것을 인지하게 됩니다. 또한 like가 들어가는 문장의 현재형, 부정문, 의문문, 과거형 패턴을 연습하면서 일반동사의 다양한 문장 형태를 자연스럽게 경험하게 됩니다.

Week 3

---

like 패턴
좋아하는 것 표현하기

Pattern 21

I like...

나는 ~을 좋아한다

I like drawing.
나는 그림 그리는 걸 좋아해.

drawing 그리는 것

◆ like는 '좋아하다'라는 뜻이에요.

◆ 내가 좋아하는 것을 말할 때는 I like 뒤에
명사나 *동명사를 써요.

◆ 네로는 그림 그리는 것을 좋아한다면서
I like...를 사용했어요.

기본패턴

I like soccer.　　　　나는 **축구**를 좋아해.

I like chicken.　　　　나는 **치킨**을 좋아해.

soccer 축구　　chicken 닭, 치킨

◆ 주어를 We/They로 바꿔서 우리가/그들이 좋아하는 것을 표현해 보세요.

응용패턴

We like cookies.　　　　우리는 쿠키를 좋아해.

They like singing.　　　그들은 노래하는 것을 좋아해.

singing 노래하는 것

> **Tip** **동명사:** singing처럼 동사에 -ing를 붙여서 명사처럼 쓰는 것을 말해요.
> 예 sing 노래하다 → sing<u>ing</u> 노래하는 것
> 예 draw 그리다 → draw<u>ing</u> 그리는 것

Choose!

(I like / We like) soccer.　나는 축구를 좋아해.

Practice

패턴에 알맞은 표현을 넣어 문장을 완성하세요. 062 063

apples
사과들

pizza
피자

fall
가을

❶ 나는 피자를 좋아해.

I like

❷ 나는 가을을 좋아해.

❸ 나는 사과를 좋아해.

• apple(사과)처럼 셀 수 있는 명사를 좋아한다고 할 때는 보통 복수형을 사용해요.

ice cream
아이스크림

dancing
춤추는 것

music
음악

❹ 우리는 아이스크림을 좋아해.

We like

❺ 우리는 음악을 좋아해.

❻ 그들은 춤추는 것을 좋아해.

• dance 춤추다 → dancing 춤추는 것

Pattern 22

I don't like...

나는 ~을 안 좋아한다

I don't like her.
나는 저 애가 맘에 안 들어.

her 그녀를

✦ 내가 안 좋아하는 것을 말할 때는 don't (~하지 않다)을 넣어요.

✦ 마녀는 백설공주가 맘에 안 든다면서 I don't like...를 사용했어요.

✦ don't은 do not의 줄임말이에요.

기본패턴

I don't like **pizza.**　　　나는 피자를 안 좋아해.

I don't like **dancing.**　　나는 춤추는 것을 안 좋아해.

pizza 피자　dancing 춤추는 것

✦ 주어를 We / They로 바꿔서 우리가/그들이 안 좋아하는 것을 표현해 보세요.

응용패턴

We don't like **apples.**　　우리는 사과를 안 좋아해.

They don't like **math.**　　그들은 수학을 안 좋아해.

apple 사과　math 수학

Choose!

(I like / **I don't like**) pizza. 나는 피자를 안 좋아해.

Practice

패턴에 알맞은 표현을 넣어 문장을 완성하세요.

chicken
닭, 치킨

salad
샐러드

summer
여름

carrots
당근들

tomatoes
토마토들

singing
노래하는 것

❶ 나는 치킨을 안 좋아해.

I don't like

❷ 나는 여름을 안 좋아해.

❸ 나는 샐러드를 안 좋아해.

❹ 우리는 당근을 안 좋아해.

We don't like

❺ 우리는 노래하는 것을 안 좋아해.

❻ 그들은 토마토를 안 좋아해.

• tomato 토마토 → tomatoes 토마토들

Pattern 22   87

A 알맞은 문장에 √표를 하세요.

1. 나는 축구를 좋아해.
ⓐ **I like** soccer.
ⓑ **I don't like** soccer.

2. 나는 사과를 안 좋아해.
ⓐ **I like** apples.
ⓑ **I don't like** apples.

3. 우리는 가을을 좋아해.
ⓐ **We like** fall.
ⓑ **We don't like** fall.

4. 그들은 당근을 안 좋아해.
ⓐ **They like** carrots.
ⓑ **They don't like** carrots.

B 알맞은 표현을 써서 문장을 완성하세요.

| I like | They like | I don't like | We don't like |

1. 그들은 겨울을 좋아해. ➡ _____ winter.

2. 나는 치킨을 좋아해. ➡ _____ chicken.

3. 나는 수학을 안 좋아해. ➡ _____ math.

4. 우리는 샐러드를 안 좋아해. ➡ _____ salad.

C 그림을 참고하여 상황에 알맞은 문장을 쓰세요.

1. _____

나는 노래하는 것을 좋아해. (singing)

2. But _____

하지만 나는 춤추는 것은 안 좋아해. (dancing)

3. _____

우리는 여름이 좋아. (summer)

4. _____

우리는 아이스크림을 좋아해. (ice cream)

5. _____

그들은 치킨을 좋아해. (chicken)

6. But _____

하지만 그들은 피자는 안 좋아해. (pizza)

He likes...
그는 ~을 좋아한다

He likes the country.
그는 시골을 좋아해요.

country 시골

◆ 시골쥐가 남자이기 때문에 He(그는)를 사용했어요.

◆ He가 좋아하는 것을 말할 때는 like에 s를 붙인 likes를 사용해요.

기본패턴

He likes **robots.**	그는 로봇을 좋아해.
He likes **winter.**	그는 겨울을 좋아해.

robot 로봇 winter 겨울

비교 I like robots. 나는 로봇을 좋아해.
He likes robots. 그는 로봇을 좋아해.

◆ She(그녀는)가 좋아하는 것을 말할 때도 s를 붙인 likes를 사용해요.

응용패턴

She likes **salad.**	그녀는 샐러드를 좋아해.
She likes **drawing.**	그녀는 그림 그리는 것을 좋아해.

salad 샐러드 drawing 그리는 것

Choose!

(She like / She likes) drawing. 그녀는 그림 그리는 것을 좋아해.

90

Practice

패턴에 알맞은 표현을 넣어 문장을 완성하세요.

English
영어

baseball
야구

watermelon
수박

strawberries
딸기들

drawing
그리는 것

milk
우유

❶ 그는 야구를 좋아해.

He likes

❷ 그는 영어를 좋아해.

• He like와 같이 s를 빠뜨리지 않도록 주의해요.

❸ 그는 수박을 좋아해.

❹ 그녀는 우유를 좋아해.

She likes

❺ 그녀는 그림 그리는 것을 좋아해.

❻ 그녀는 딸기를 좋아해.

• strawberry 딸기 → strawberries 딸기들

Pattern 24

He doesn't like...

그는 ~을 안 좋아한다

He doesn't like children.
그는 아이들을 안 좋아해요.

children 아이들

- ✦ He가 안 좋아하는 것을 말할 때는 don't 대신 doesn't(~하지 않다)을 넣어요.
- ✦ 남자 거인이 아이들을 싫어한다는 뜻으로 He doesn't like...를 사용했어요.
- ✦ doesn't은 does not의 줄임말이에요.

기본패턴

| He doesn't like **cats.** | 그는 고양이를 안 좋아해. |
| He doesn't like **science.** | 그는 과학을 안 좋아해. |

science 과학

비교 **I don't** like cats. 나는 고양이를 안 좋아해.
He doesn't like cats. 그는 고양이를 안 좋아해.

✦ She가 안 좋아하는 것을 말할 때도 doesn't like를 사용해요.

응용패턴

| She doesn't like **dogs.** | 그녀는 개를 안 좋아해. |
| She doesn't like **English.** | 그녀는 영어를 안 좋아해. |

Choose!

(He don't like / He doesn't like) cats. 그는 고양이를 안 좋아해.

 **Practice** 패턴에 알맞은 표현을 넣어 문장을 완성하세요.

hamburgers
햄버거들

peaches
복숭아들

art
미술

cooking
요리하는 것

eggs
계란들

potatoes
감자들

❶ 그는 미술을 안 좋아해.

He doesn't like

❷ 그는 햄버거를 안 좋아해.

• He don't like 또는 He doesn't likes로 잘못 쓰지 않도록 주의해요.

❸ 그는 복숭아를 안 좋아해.

❹ 그녀는 계란을 안 좋아해.

She doesn't like

❺ 그녀는 감자를 안 좋아해.

❻ 그녀는 요리하는 것을 안 좋아해.

A 알맞은 문장에 ✔표를 하세요.

1. 그녀는 샐러드를 좋아해.
    ⓐ **She like** salad.
    ⓑ **She likes** salad.

2. 그는 로봇을 좋아해.
    ⓐ **He likes** robots.
    ⓑ **He like** robots.

3. 그녀는 감자를 안 좋아해.
    ⓐ **She doesn't like** potatoes.
    ⓑ **She don't like** potatoes.

4. 그는 요리하는 것을 안 좋아해.
    ⓐ **He doesn't likes** cooking.
    ⓑ **He doesn't like** cooking.

B 알맞은 표현을 써서 문장을 완성하세요.

> He likes   She likes   He doesn't like   She doesn't like

1. 그는 야구를 좋아해. ➡ _____ baseball.

2. 그는 미술을 안 좋아해. ➡ _____ art.

3. 그녀는 우유를 좋아해. ➡ _____ milk.

4. 그녀는 계란을 안 좋아해. ➡ _____ eggs.

C   그림을 참고하여 상황에 알맞은 문장을 쓰세요.

1. _____

그는 과학을 좋아해. (science)

2. _____

그녀는 영어를 좋아해. (English)

3. _____

그는 수박을 좋아해. (watermelon)

4. But _____

하지만 그는 복숭아는 안 좋아해. (peaches)

5. _____

그녀는 개를 좋아해. (dogs)

6. But _____

하지만 그녀는 고양이는 안 좋아해. (cats)

Pattern 25

Do you like...?

너는 ~을 좋아하니?

Do you like **him**?
너는 그를 좋아해?

him 그를

아이 멋져~

✦ 상대방에게 뭔가를 좋아하는지 물을 때는 you like 앞에 Do를 써요.

✦ 인어공주에게 왕자를 좋아하는지 묻기 위해 Do you like...?를 사용했어요.

기본패턴

Do you like **milk**?	너는 우유를 좋아하니?
Do you like **this bag**?	너는 이 가방이 마음에 들어?

milk 우유   this 이   bag 가방

 Tip 뭔가가 마음에 드는지 물을 때도 Do you like...?를 사용해요.

✦ you를 they로 바꿔서 그들이 좋아하는 것을 물어보세요.

응용패턴

Do they like **fish**?	그들은 생선을 좋아하니?
Do they like **baseball**?	그들은 야구를 좋아하니?

fish 생선

Choose!

(Are you like / Do you like) **milk?** 너는 우유를 좋아하니?

96

 **Practice** 패턴에 알맞은 표현을 넣어 문장을 완성하세요. 074 075

grapes
포도들

bananas
바나나들

this hat
이 모자

❶ 너는 바나나를 좋아하니?　　Do you like

❷ 너는 포도를 좋아하니?

❸ 너는 이 모자가 마음에 들어?

● this는 '이, 이것'이므로 '이 모자'는 this hat이라고 해요.

pears
배들

cookies
쿠키들

this game
이 게임

❹ 그들은 배를 좋아해요?　　Do they like

❺ 그들은 쿠키를 좋아해요?

❻ 그들은 이 게임을 좋아해요?

Pattern 26

Does she like...?

그녀는 ~을 좋아하니?

Does she like flowers?
할머니가 꽃을 좋아하시니?

flowers 꽃들

✦ she가 뭔가를 좋아하는지 물을 때는
Do 대신 Does를 사용해요.

✦ 할머니가 꽃을 좋아하시는지 묻기 위해
Does she like...?를 이용했어요.

기본패턴

Does she like grapes?   그녀는 포도를 좋아하니?

Does she like this hat?   그녀는 이 모자를 좋아하니?

grapes 포도   hat 모자

 Do you like grapes? 너는 포도 좋아해?
Does she like grapes? 그녀는 포도 좋아해?

✦ he가 뭔가를 좋아하는지 물을 때도 Does를 사용해서 Does he like...?라고 해요.

응용패턴

Does he like bananas?   그는 바나나를 좋아하니?

Does he like cookies?   그는 쿠키를 좋아하니?

banana 바나나

Choose!

(Do he like / Does he like) bananas?   그는 바나나를 좋아하니?

Practice

패턴에 알맞은 표현을 넣어 문장을 완성하세요.

bread
빵

fruit
과일

oranges
오렌지들

❶ 그녀는 빵을 좋아해요?

<u>Does she like</u>

❷ 그녀는 과일을 좋아해요?

• Does she likes로 쓰지 않도록 주의해요.

❸ 그녀는 오렌지를 좋아해요?

shrimp
새우

ribs
갈비들

candy
사탕

❹ 그는 갈비를 좋아해요?

<u>Does he like</u>

❺ 그는 새우를 좋아해요?

• shrimp는 단수형과 복수형이 같아요. shrimp 새우 → shrimp 새우들

❻ 그는 사탕을 좋아해요?

A 알맞은 문장에 ✔표를 하세요.

1. 너는 바나나를 좋아하니?

   ⓐ **Do you like** bananas?

   ⓑ **Are you like** bananas?

2. 그녀는 오렌지를 좋아해요?

   ⓐ **Do she like** oranges?

   ⓑ **Does she like** oranges?

3. 그들은 빵을 좋아해요?

   ⓐ **Do they like** bread?

   ⓑ **Does they like** bread?

4. 그는 이 모자를 좋아해요?

   ⓐ **Do he like** this hat?

   ⓑ **Does he like** this hat?

B 알맞은 표현을 써서 문장을 완성하세요.

| Do you like | Do they like | Does she like | Does he like |

1. 너는 이 게임을 좋아하니? ➡ _____ this game?

2. 그는 사탕을 좋아하니? ➡ _____ candy?

3. 그들은 배를 좋아해요? ➡ _____ pears?

4. 그녀는 이 가방을 좋아해요? ➡ _____ this bag?

C 그림을 참고하여 상황에 알맞은 문장을 쓰세요.

1. _____
너는 포도 좋아하니? (grapes)

2. No. _____
아뇨. 저는 딸기를 좋아해요. (strawberries)

3. _____
저 애는 과일 좋아해? (fruit)

4. No. _____
아니. 저 애는 쿠키를 좋아해. (cookies)

5. _____
저 애들은 새우 좋아해? (shrimp)

6. No. _____
아니. 저 애들은 갈비를 좋아해. (ribs)

Pattern 27

The woman likes...

그 여자는 ~을 좋아한다

The woman likes gold.
그 여자는 황금을 좋아해요.

woman 여자   gold 황금

✦ like 앞에 다양한 주어를 넣어 보세요.

✦ 주어가 단수(한 개나 한 명)일 때는 s를 붙인 likes를 사용해요.

✦ The woman(그 여자)이 단수여서 likes를 사용했어요.

기본패턴

| **The boy likes the robot.** | 그 남자애는 그 로봇을 좋아해. |
| **My dad likes cooking.** | 나의 아빠는 요리하는 것을 좋아해. |

boy 남자아이

 boy, dad는 단수이므로 likes를 사용해요.

✦ 주어가 복수(2개나 2명 이상)일 때는 like를 사용해요.

응용패턴

| **Monkeys like bananas.** | 원숭이들은 바나나를 좋아해. |
| **My friends like this game.** | 내 친구들은 이 게임을 좋아해. |

monkey 원숭이   game 게임

 monkeys, friends는 복수이므로 like를 사용해요.

Choose!

My dad (like / likes) cooking.   나의 아빠는 요리하는 것을 좋아해.

Practice

패턴에 알맞은 표현을 넣어 문장을 완성하세요. 080 081

the book
그 책

the doll
그 인형

shopping
쇼핑하는 것

meat
고기

fish
생선(들)

camping
캠핑하는 것

❶ 그 여자애는 그 인형을 좋아해. + the girl 그 여자아이

The girl likes

❷ 그 남자애는 그 책을 좋아해. + the boy 그 남자아이

❸ 나의 엄마는 쇼핑을 좋아해. + my mom 나의 엄마

❹ 고양이들은 생선을 좋아해. + cats 고양이들

Cats like

• fish는 단수형과 복수형이 같아요. fish 물고기 → fish 물고기들

❺ 그 아이들은 고기를 좋아해. + the kids 그 아이들

❻ 나의 부모님은 캠핑하는 것을 좋아해. + my parents 나의 부모님

Pattern 28

I liked...

나는 ~을 좋아했다

I liked the magic carpet.
나는 그 마법의 양탄자가 마음에 들었다.

magic 마법의   carpet 양탄자, 카펫

✦ like의 과거형은 liked(좋아했다)예요.

✦ 내가 과거에 좋아했던 것이나 마음에 들었던 것을 말할 때는 I liked...를 사용해요.

✦ 알라딘은 과거에 마법 양탄자가 마음에 들었다면서 I liked...를 사용했어요.

기본패턴

I liked her.
나는 그녀를 좋아했어.

He liked oranges.
그는 오렌지를 좋아했어.

her 그녀를   orange 오렌지

Tip 현재형은 주어가 단수인지 복수인지에 따라 like 또는 likes를 사용하지만, 과거형은 주어에 상관없이 항상 liked를 사용해요.

✦ 과거에 안 좋아했던 것은 didn't(~하지 않았다)을 써서 I didn't like...로 써요.

응용패턴

I didn't like camping.
나는 캠핑하는 것을 안 좋아했어.

She didn't like me.
그녀는 나를 안 좋아했어.

camping 캠핑   me 나를

비교 I **don't** like camping. 나는 캠핑하는 것을 안 좋아한다. (현재)
I **didn't** like camping. 나는 캠핑하는 것을 안 좋아했다. (과거)

Choose!

(I don't like / I didn't like) camping. 나는 캠핑하는 것을 안 좋아했다.

Practice

패턴에 알맞은 표현을 넣어 문장을 완성하세요.

the food
그 음식

the song
그 노래

the present
그 선물

the restaurant
그 식당

the movie
그 영화

fishing
낚시하는 것

❶ 나는 그 노래를 좋아했다.

I liked

❷ 나는 그 음식을 좋아했다.

❸ 그는 그 선물이 마음에 들었다.

• 주어가 he/she일 때도 과거형 liked는 모양이 바뀌지 않아요.

❹ 나는 그 영화를 안 좋아했다.

I didn't like

• didn't은 did not의 줄임말이에요.

❺ 우리는 그 식당이 마음에 들지 않았다.

❻ 그녀는 낚시하는 것을 안 좋아했다.

Pattern 28　105

A 알맞은 문장에 √표를 하세요.

1. 그 남자애는 그 로봇을 좋아해.
   ⓐ **The boy like** the robot.
   ⓑ **The boy likes** the robot.

2. 고양이들은 생선을 좋아해.
   ⓐ **Cats like** fish.
   ⓑ **Cats likes** fish.

3. 나는 그 영화를 좋아했다.
   ⓐ **I like** the movie.
   ⓑ **I liked** the movie.

4. 그는 이 게임을 안 좋아했다.
   ⓐ **He doesn't like** this game.
   ⓑ **He didn't like** this game.

B 알맞은 표현을 써서 문장을 완성하세요.

| like | likes | liked | didn't like |

1. 그 여자애는 그 인형을 좋아해.
   ➡ The girl _____ the doll.

2. 원숭이들은 바나나를 좋아해.
   ➡ Monkeys _____ bananas.

3. 나는 그 선물이 마음에 들었다.
   ➡ I _____ the present.

4. 그녀는 그 음식을 안 좋아했다.
   ➡ She _____ the food.

C 그림을 참고하여 상황에 알맞은 문장을 쓰세요.

1. _____

나는 그녀를 좋아했다. (her)

2. But _____

하지만 그녀는 나를 안 좋아했다. (me)

3. _____

나의 부모님들은 캠핑하는 것을 좋아한다. (my parents, camping)

4. _____

나의 아빠는 낚시하는 것을 좋아한다. (my dad, fishing)

5. _____

나의 엄마는 쇼핑을 좋아했다. (my mom, shopping)

6. But _____

하지만 그녀는 요리하는 것은 안 좋아했다. (cooking)

Pattern 29

I like to...

나는 ~하는 것을 좋아한다

I like to sing.
나는 노래 부르는 것을 좋아해.

sing 노래하다

✦ I like...는 '나는 ~을 좋아한다'이고,
I like to...는 '나는 ~하는 것을 좋아한다'예요.

✦ I like 뒤에는 명사나 동명사가 오고,
I like to 뒤에는 동사가 와요.

✦ 베짱이는 노래 부르는 것을 좋아한다며
I like to 뒤에 sing(노래하다)을 썼어요.

기본패턴

I like to cook.   나는 요리하는 것을 좋아해.

I like to draw.   나는 그림 그리는 것을 좋아해.

cook 요리하다   draw 그리다

✦ hate는 '아주/정말 싫어하다'예요. 내가 정말 싫어하는 것을 말할 때는 I hate (to)...를 사용해요.
I hate 뒤에는 명사나 동명사가 오고, I hate to 뒤에는 동사가 와요.

응용패턴

I hate math.   나는 수학을 아주 싫어해.

I hate to run.   나는 달리는 것을 정말 싫어해.

run 달리다

 Tip 명사: 이름을 나타내는 말 예 desk 책상 movie 영화 math 수학
동사: 움직임이나 상태를 나타내는 말 예 go 가다 cook 요리하다
동명사: 동사에 ing를 붙여 명사처럼 쓰는 말 예 singing 노래하는 것

Choose!

(**I like to** / **I hate to**) run.   나는 달리는 것을 아주 싫어해.

108

Practice
패턴에 알맞은 표현을 넣어 문장을 완성하세요.

swim
수영하다

go camping
캠핑하러 가다

play soccer
축구하다

❶ 나는 수영하는 것을 좋아해.

I like to

❷ 나는 축구하는 것을 좋아해.

❸ 나는 캠핑 가는 것을 좋아해.

snakes
뱀들

bugs
벌레들

go to the dentist
치과에 가다

❹ 나는 벌레를 아주 싫어해.

I hate

• 대부분의 벌레를 싫어하는 것이므로 복수형인 bugs를 사용해요.

❺ 나는 뱀을 정말 싫어해.

❻ 나는 치과에 가는 것을 정말 싫어해.

• dentist는 '치과의사'인데, '치과에 가다'를 go to the dentist라고 표현해요.

I love...

나는 ~을 사랑한다/정말 좋아한다

I love him.
나는 그를 사랑해.

him 그를

◆ love는 '사랑하다'라는 뜻이에요.

◆ 사랑하는 것이나 아주 좋아하는 것을 말할 때는 like 대신 love를 사용해요.

◆ 아낌없이 주는 나무는 아이를 사랑한다면서 I love...로 말했어요.

기본패턴

I love my mom.　　　　　　나는 나의 엄마를 사랑해.

I love snow.　　　　　　나는 눈을 정말 좋아해.

snow 눈

◆ '나는 ~하는 것을 사랑한다/정말 좋아한다'라고 할 때는 I love to 뒤에 동사를 써요.

응용패턴

I love to dance.　　　　　　나는 춤추는 것을 정말 좋아해.

I love to swim.　　　　　　나는 수영하는 것을 정말 좋아해.

swim 수영하다

 I love 뒤에는 명사나 동명사가 오고,
I love to 뒤에는 동사가 와요.

Choose!

(I love / I love to) dance.　나는 춤추는 것을 정말 좋아해.

Practice

패턴에 알맞은 표현을 넣어 문장을 완성하세요.

chocolate
초콜릿

seafood
해산물

my family
나의 가족

eat ice cream
아이스크림을 먹다

travel
여행하다

play with my dad
나의 아빠와 놀다

❶ 나는 우리 가족을 사랑해.

I love

• '우리 가족'은 보통 our family보다는 my family라고 해요.

❷ 나는 초콜릿을 정말 좋아해.

❸ 나는 해산물을 정말 좋아해.

❹ 나는 여행하는 것을 정말 좋아해.

I love to

❺ 나는 아이스크림 먹는 것을 정말 좋아해.

❻ 나는 나의 아빠랑 노는 게 정말 좋아.

• with는 '~와 함께'라는 뜻이에요.

Check-up Pattern 29-30

A 알맞은 문장에 ✔표를 하세요.

1. 나는 나의 엄마를 사랑해.

   ⓐ **I like** my mom.

   ⓑ **I love** my mom.

2. 나는 뱀이 정말 싫어.

   ⓐ **I hate** snakes.

   ⓑ **I love** snakes.

3. 나는 요리하는 것을 좋아해.

   ⓐ **I like to** cook.

   ⓑ **I hate to** cook.

4. 나는 축구하는 것을 정말 좋아해.

   ⓐ **I like to** play soccer.

   ⓑ **I love to** play soccer.

B 알맞은 표현을 써서 문장을 완성하세요.

> I like to   I hate   I love   I love to

1. 나는 눈을 정말 좋아해.   → _____ snow.

2. 나는 수학을 아주 싫어해.   → _____ math.

3. 나는 수영하는 것을 좋아해.   → _____ swim.

4. 나는 여행하는 것을 정말 좋아해.   → _____ travel.

C 그림을 참고하여 상황에 알맞은 문장을 쓰세요.

1. _____

나는 캠핑 가는 것을 좋아한다. (go camping)

2. But _____

하지만 나는 벌레들을 정말 싫어한다. (bugs)

3. _____

나는 우리 가족을 사랑한다. (my family)

4. _____

나는 아빠와 노는 것이 정말 좋다. (play with my dad)

5. _____

나는 초콜릿을 정말 좋아한다. (chocolate)

6. But _____

하지만 치과 가는 것은 정말 싫다. (go to the dentist)

Weekly Review Pattern 21-30

A 사진을 보고 알맞은 단어를 고르세요.

1.

I like (juice / milk).

I don't like (juice / milk).

2.

He likes (oranges / bananas).

He doesn't like (oranges / bananas).

3.

I like to (swim / run).

I hate to (swim / run).

4.

The (boy / girl) likes books.

She likes (reading / dancing).

5.

A: Do you like (music / soccer)?

B: Yes. I like (cooking / singing).

6.

A: Do they like (summer / winter)?

B: Yes. They love (snow / rain).

B 알맞은 패턴과 표현을 찾아서 연결하세요.

1. 너는 포도를 좋아하니? •   •   I like   •   • peaches.

2. 나는 딸기를 좋아해. •   •   He likes   •   • strawberries.

3. 그는 복숭아를 좋아해. •   •   Do you like   •   • watermelon.

4. 그녀는 수박을 안 좋아해. •   •   She doesn't like   •   • grapes?

5. 나는 벌레가 정말 싫어. •   •   I liked   •   • bugs.

6. 그는 과일을 좋아해? •   •   I love   •   • the song.

7. 나는 그 노래를 좋아했다. •   •   I hate   •   • fruit?

8. 나는 초콜릿을 정말 좋아한다. •   •   Does he like   •   • chocolate.

C 빈칸에 알맞은 표현을 써서 문장을 완성하세요.

1.

   ❶ _____ pizza.

   ❷ _____ chicken.

   나는 피자를 안 좋아해. / 나는 치킨을 좋아해.

2.

   A: ❶ _____ bread?

   B: Yes. ❷ _____ bread.

   A: 너는 빵을 좋아해? / B: 응. 나는 빵을 아주 좋아해.

3.

   A: ❶ _____ soccer?

   B: No. ❷ _____ baseball.

   A: 그는 축구를 좋아해? / B: 아니. 그는 야구를 좋아해.

4.

   ❶ _____ summer.

   ❷ _____ swimming.

   내 친구들은 여름을 좋아해. / 그들은 수영하는 것을 좋아해.

5.

   ❶ _____ her.

   But ❷ _____ me.

   나는 그녀를 좋아했다. / 하지만 그녀는 나를 안 좋아했다.

D 빈칸에 알맞은 표현을 써서 글을 완성하세요.

I'm good at drawing.

I like art class.

I'm not good at math.

① _____ math class.

② _____ math?

➡ 나는 그리기를 잘해. 나는 미술 수업을 좋아해. 나는 수학을 못해.
나는 수학 수업을 안 좋아해. 너는 수학을 좋아하니?

My dad likes camping.

He likes fishing.

My mom likes trees and

flowers. But ③ _____ bugs.

④ _____ go camping with my family.

➡ 나의 아빠는 캠핑을 좋아해. 그는 낚시하는 것을 좋아해. 나의 엄마는 나무와 꽃을 좋아해.
하지만 그녀는 벌레를 안 좋아해. 나는 우리 가족과 캠핑 가는 것을 정말 좋아해.

다음 문장을
영어로 표현할 수 있나요?

- ☐ 나는 형이 한 명 있어.

- ☐ 너는 우산 있어?

- ☐ 그는 시간이 없어.

- ☐ 그녀는 머리가 길어.

- ☐ 우리는 생일파티를 했어.

*Point

have도 가장 많이 쓰이는 일반동사 중 하나입니다. 〈주어＋have＋목적어〉 형태의
문장을 만들면서 3형식 어순에 더욱 익숙해집니다. 3형식 어순은 영어 문장에서 가장
큰 비중을 차지하기 때문에 아주 중요합니다. like에 이어 have 패턴을 익히면서 일반
동사가 들어가는 문장의 현재형, 부정문, 의문문, 과거형 패턴에 대해 확실히 감을 잡게
됩니다.

Week 4

have 패턴
가지고 있는 것 표현하기

Pattern 31

I have...

나는 ~이 있다

I have long ears.
난 귀가 길어.

long 긴　ear 귀

✦ have는 '가지고 있다'라는 뜻이에요.

✦ 물건, 형제, 내 몸의 특징 등 내가 갖고 있는
것을 말할 때는 I have...를 사용해요.

✦ 왕은 I have...를 사용해 자신에게 긴 귀가
있다고 말했어요.

기본패턴

I have **a book.**
나는 책이 한 권 있어.

I have **many books.**
나는 책이 많이 있어. (= 나는 책이 많아.)

book 책　many 많은

　Tip I have 뒤에 many(많은)를 넣으면 '난 ~이 많다'라는 뜻이 돼요.

✦ 주어를 We/They/You로 바꿔서 우리가/그들이/네가 갖고 있는 것을 표현해 보세요.

응용패턴

We have **a dog.**
우리는 개가 한 마리 있어.

They have **many dogs.**
그들은 개가 많이 있어. (= 그들은 개가 많아.)

　Tip • 셀 수 있는 명사가 한 개 있을 때는 단어 앞에 a를 붙여요.
　예 a dog 개 한 마리
• 셀 수 있는 명사가 두 개 이상 있을 때는 단어 끝에 s나 es를 붙여요.
　예 many dog**s** 많은 개들

Choose!

(I like / I have) a book.　나는 책이 한 권 있어.

Practice
패턴에 알맞은 표현을 넣어 문장을 완성하세요.

a pencil
연필

a cold
감기

a brother
남자 형제(오빠, 형, 남동생)

❶ 나는 연필이 하나 있어.

I have

❷ 나는 남동생이 한 명 있어.

❸ 나는 감기에 걸렸어.

• 아픈 것을 말할 때도 have 뒤에 병 이름이나 증상을 쓰면 돼요.

crayons
크레용들

the map
그 지도

friends
친구들

❹ 우리는 그 지도가 있어.

We have

• '그 지도'처럼 특정한 것을 말할 때는 a 대신 the를 써요.

❺ 그들은 크레용이 있어.

❻ 너는 친구가 많이 있어.
+ many 많은

I don't have...

나는 ~이 없다

I don't have a brain.
나는 뇌가 없어.

정말?

brain 뇌

✦ 나한테 없는 것을 말할 때는 don't을 넣어요.

✦ I don't have...는 '나는 ~을 갖고 있지 않다', '나는 ~이 없다'라는 뜻이에요.

✦ 허수아비는 뇌가 없다고 말하기 위해 I don't have...를 사용했어요.

기본패턴

I don't have a brother.	나는 남자 형제가 없어.
I don't have any pencils.	나는 연필이 하나도 없어.

pencil 연필

Tip **any**를 붙이면 '조금도', '하나도' 없다고 강조하는 말이 돼요.

✦ We/They/You don't have로 '우리는/그들은/너는 ~이 없다'라고 표현해 봐요.

응용패턴

We don't have a sister.	우리는 여자 형제가 없어.
They don't have any crayons.	그들은 크레용이 하나도 없어.

crayon 크레용

Choose!

(I have / **I don't have**) a brother. 나는 남자 형제가 없어.

Practice
패턴에 알맞은 표현을 넣어 문장을 완성하세요. 🎧095 🎧096

money
돈

an eraser
지우개

homework
숙제

❶ 나는 숙제가 없어.

I don't have

• homework는 셀 수 없는 명사여서 a를 쓰지 않아요.

❷ 나는 지우개가 없어.

• eraser처럼 모음(a, e, i, o, u)으로 시작하는 단어 앞에는 a 대신 an을 써요.

❸ 나는 돈이 하나도 없어.
+ any 하나도

time
시간

a son
아들

a daughter
딸

❹ 우리는 아들이 없어.

We don't have

❺ 그들은 딸이 없어.

❻ 너는 시간이 없어.

• time이나 money는 셀 수 없는 명사여서 단어 앞에 a를 쓰지 않아요.

A 알맞은 문장에 ✓표를 하세요.

1. 나는 형이 한 명 있어.
   ⓐ **I have** a brother.
   ⓑ **I don't have** a brother.

2. 나는 누나가 없어.
   ⓐ **I have** a sister.
   ⓑ **I don't have** a sister.

3. 우리는 연필이 많아.
   ⓐ **We have any** pencils.
   ⓑ **We have many** pencils.

4. 그들은 지우개가 하나도 없어.
   ⓐ **They don't have any** erasers.
   ⓑ **They don't have many** erasers.

B 알맞은 표현을 써서 문장을 완성하세요.

| I have | I don't have | We have | They don't have |

1. 나는 개가 한 마리 있어. → _____ a dog.

2. 우리는 크레용이 많이 있어. → _____ many crayons.

3. 나는 시간이 없어. → _____ time.

4. 그들은 돈이 하나도 없어. → _____ any money.

C 그림을 참고하여 상황에 알맞은 문장을 쓰세요.

1. _____

나는 오빠가 한 명 있어. (a brother)

2. <u>But</u> _____

하지만 언니는 없어. (a sister)

3. _____

너는 숙제가 있잖아. (homework)

4. _____ today.

오늘은 숙제가 없어요. (homework)

5. _____

우리는 지도가 있어. (the map)

6. _____

그들은 지도가 없어. (the map)

She has...

그녀는 ~이 있다

She has **a magic mirror.**
그녀는 마법의 거울을 갖고 있어요.

거울아 ~거울아~
누가 제일
예쁘니?

magic 마법의   mirror 거울

✦ 왕비가 여자이기 때문에 She를 사용했어요.

✦ She가 갖고 있는 것을 말할 때는 have 대신 has를 사용해요.

기본패턴

She has **a son.**
그녀는 아들이 한 명 있어.

She has **a candy.**
그녀는 사탕이 하나 있어.

son 아들   candy 사탕

 I have a candy. 나는 사탕이 하나 있어.
She has a candy. 그녀는 사탕이 하나 있어.

✦ He가 갖고 있는 것을 말할 때도 have 대신 has를 사용해요.

응용패턴

He has **a daughter.**
그는 딸이 있어.

He has **two candies.**
그는 사탕이 두 개 있어.

daughter 딸   candies candy(사탕)의 복수형

Choose!

(She has / She have) a son.   그녀는 아들이 한 명 있어.

126

Practice

패턴에 알맞은 표현을 넣어 문장을 완성하세요.

a key
열쇠

a balloon
풍선

long hair
긴 머리

a puppy
강아지

a robot
로봇

short hair
짧은 머리

❶ 그녀는 풍선이 하나 있어.

She has

❷ 그녀는 열쇠가 하나 있어.

❸ 그녀는 긴 머리가 있어. (= 그녀는 머리가 길어.)

❹ 그는 로봇이 하나 있어.

He has

❺ 그는 강아지가 한 마리 있어.

❻ 그는 짧은 머리가 있어. (= 그는 머리가 짧아.)

Pattern 34

She doesn't have...

그녀는 ~이 없다

She doesn't have any food.
저 애는 음식이 하나도 없구나.

食 She에게 없는 것을 말할 때는 don't 대신 doesn't을 써요.

食 여자아이에게 음식이 없다고 말하기 위해 She doesn't have...로 시작했어요.

食 doesn't은 does not의 줄임말이에요.

기본패턴

She doesn't have a doll.   그녀는 인형이 없어.

She doesn't have an eraser.   그녀는 지우개가 없어.

doll 인형   eraser 지우개

비교 **I don't** have a doll. 나는 인형이 없어.
She doesn't have a doll. 그녀는 인형이 없어.

食 He에게 없는 것을 말할 때도 He doesn't have...로 시작해요.

응용패턴

He doesn't have a robot.   그는 로봇이 없어.

He doesn't have any balloons.   그는 풍선이 하나도 없어.

balloon 풍선

Choose!

He (don't have / doesn't have) a robot. 그는 로봇이 없어.

128

Practice 패턴에 알맞은 표현을 넣어 문장을 완성하세요.

glue
풀

scissors
가위

tape
테이프

❶ 그녀는 풀이 없어.

She doesn't have

❷ 그녀는 테이프가 없어.

• She don't have 또는 She doesn't has로 쓰지 않도록 주의해요.

❸ 그녀는 가위가 없어.

• '가위'는 날이 두 개여서 복수형인 scissor**s**를 사용해요.

a bike
자전거

gloves
장갑

an umbrella
우산

❹ 그는 자전거가 없어.

He doesn't have

❺ 그는 우산이 없어.

❻ 그는 장갑이 없어.

• '장갑'은 두 짝이 한 쌍이어서 복수형인 glove**s**를 사용해요.

A 알맞은 문장에 √표를 하세요.

1. 그는 강아지가 있어.
   ⓐ **He have** a puppy.
   ⓑ **He has** a puppy.

2. 그녀는 머리가 길어.
   ⓐ **She has** long hair.
   ⓑ **She have** long hair.

3. 그는 로봇이 없어.
   ⓐ **He don't have** a robot.
   ⓑ **He doesn't have** a robot.

4. 그녀는 풍선이 하나도 없어.
   ⓐ **She doesn't have** any balloons.
   ⓑ **She don't have** any balloons.

B 알맞은 표현을 써서 문장을 완성하세요.

| She has | He has | She doesn't have | He doesn't have |

1. 그는 자전거가 있어. ➡ _____ a bike.

2. 그는 가위가 없어. ➡ _____ scissors.

3. 그녀는 머리가 짧아. ➡ _____ short hair.

4. 그녀는 열쇠가 없어. ➡ _____ a key.

C 그림을 참고하여 상황에 알맞은 문장을 쓰세요.

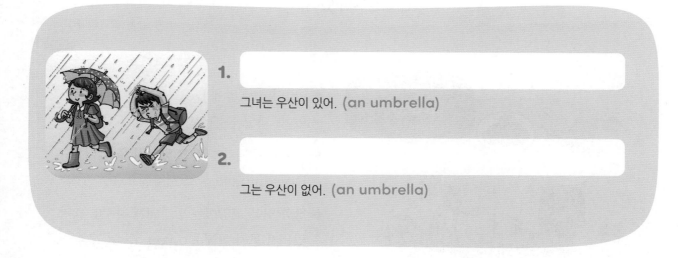

1.

그녀는 우산이 있어. (an umbrella)

2.

그는 우산이 없어. (an umbrella)

3.

그는 장갑이 없어. (gloves)

4. But

하지만 그녀는 장갑이 있어. (gloves)

5.

그녀는 테이프가 없어. (tape)

6. But

하지만 그녀는 풀이 있어. (glue)

Pattern 35

Do you have...?

너는 ~이 있어?

> **Do you have a bag?**
> 자루 있어요?

bag 가방, 자루

✦ you have 앞에 Do를 붙이면 '너는 ~이 있어?'라고 묻는 말이 돼요.

✦ 상대방이 뭔가를 갖고 있는지 물을 때는 Do you have...?로 시작해요.

✦ 장화 신은 고양이는 남자에게 자루(bag)가 있는지 묻기 위해 Do you have...?를 사용했어요.

기본패턴

Do you have a key?　　너는 열쇠가 있어?

Do you have a sister?　　너는 여자 형제가 있어?

key 열쇠

✦ they가 뭔가를 갖고 있는지 물을 때는 Do they have...?로 시작해요.

응용패턴

Do they have a soccer ball?　　그들은 축구공이 있어?

Do they have a brother?　　그들은 남자 형제가 있어?

soccer ball 축구공

Choose!

(Are you have / Do you have) a key?　너는 열쇠가 있어?

132

 **Practice** 패턴에 알맞은 표현을 넣어 문장을 완성하세요.

a raincoat
비옷

a pen
펜

a fever
열

❶ 너는 펜이 있어?

Do you have

❷ 너는 비옷이 있어?

❸ 너 열이 있어?

a car
자동차

a house
집

a ticket
표

❹ 그들은 집이 있어?

Do they have

❺ 그들은 차가 있어?

❻ 그들은 표가 있어?

Does she have...?

그녀는 ~이 있어?

> **Does she have** a cold?
> 할머니는 감기에 걸렸나요?

cold 감기

✦ she가 뭔가를 갖고 있는지 물을 때는
 Do 대신 Does를 사용해요.

✦ 빨간모자는 할머니가 감기에 걸렸는지 묻기
 위해 Does she have...?를 사용했어요.

기본패턴

Does she have a pen?	그녀는 펜이 있어?
Does she have a raincoat?	그녀는 비옷이 있어?

pen 펜   raincoat 비옷

> 비교 **Do you** have a pen? 너는 펜 있어?
> **Does she** have a pen? 그녀는 펜 있어?

✦ he가 뭔가를 갖고 있는지 물을 때도 Does를 사용해서 Does he have...?로 시작해요.

응용패턴

Does he have a ticket?	그는 표가 있어?
Does he have a car?	그는 차가 있어?

ticket 표   car 자동차

Choose!

(**Does she have** / Does she has) a ticket? 그녀는 표가 있어?

Practice

패턴에 알맞은 표현을 넣어 문장을 완성하세요.

a scarf
목도리

a swimsuit
수영복

an aunt
이모

❶ 그녀는 수영복이 있어?   Does she have

❷ 그녀는 목도리가 있어?

• Does she has...? / Does he has...?처럼 쓰지 않도록 주의해요.

❸ 그녀는 이모가 있어?

• aunt는 '이모, 고모, (외)숙모' 등을 모두 가리켜요.

a bat
야구 방망이

a phone
전화기, 핸드폰

an uncle
삼촌

❹ 그는 야구 방망이가 있어?   Does he have

❺ 그는 핸드폰이 있어?

• '핸드폰'은 cell phone이지만, 간단히 phone이라고도 해요.

❻ 그는 삼촌이 있어?

• uncle은 '삼촌, 큰아빠, 고모부, 이모부' 등을 모두 가리켜요.

A 알맞은 문장에 ✔표를 하세요.

1. 너는 삼촌이 있어?

    ⓐ **Do you have** an uncle?

    ⓑ **Does you have** an uncle?

2. 그는 야구 방망이가 있어?

    ⓐ **Do he have** a bat?

    ⓑ **Does he have** a bat?

3. 그들은 집이 있어?

    ⓐ **Do they have** a house?

    ⓑ **Does they have** a house?

4. 그녀는 핸드폰이 있어?

    ⓐ **Does she has** a phone?

    ⓑ **Does she have** a phone?

B 알맞은 표현을 써서 문장을 완성하세요.

> Do you have   Do they have   Does she have   Does he have

1. 너는 이모가 있어? → _____ an aunt?

2. 그는 수영복이 있어? → _____ a swimsuit?

3. 그들은 표가 있어? → _____ a ticket?

4. 그녀는 목도리가 있어? → _____ a scarf?

C 그림을 참고하여 상황에 알맞은 문장을 쓰세요.

1. A:

   너 열 있어? (a fever)

2. B: Yes.

   응. 나 감기 걸렸어. (a cold)

3. A:

   그는 우산 있어? (an umbrella)

4. B: No. But

   아니. 하지만 그는 비옷이 있어. (a raincoat)

5. A:

   저 애는 크레용 있어? (crayons)

6. B: Yes.

   응. 저 애는 크레용이 많이 있어. (crayons)

I have no...

나는 ~이 없다

I have no dress.
저는 드레스가 없어요.

dress 드레스

✦ I don't have... 대신 I have no...를 사용할 수 있어요.

✦ 신데렐라는 드레스가 없다면서 I have no...를 사용했어요.

✦ I have no...는 I don't have...보다 없다는 것을 좀 더 강조하는 표현이에요.

기본패턴

I have no food.	나는 음식이 없어.
I have no shoes.	나는 신발이 없어.

food 음식　shoes 신발

✦ 주어가 He/She로 바뀌면 has no를 써요.

응용패턴

She has no friends.	그녀는 친구가 없어.
He has no homework.	그는 숙제가 없어.

friend 친구　homework 숙제

 no 뒤에는 a나 an을 쓰지 않아요.

Choose!

(**I have no** / I have not) **food.** 나는 음식이 없어.

 **Practice** 패턴에 알맞은 표현을 넣어 문장을 완성하세요. 110 111

money
돈

time
시간

water
물

❶ 나는 시간이 없어.

I have no

❷ 나는 돈이 없어.

❸ 우리는 물이 없어.

plans
계획들

class
수업

family
가족

❹ 그는 가족이 없어.

He has no

❺ 그는 계획이 없어.

❻ 그녀는 오늘 수업이 없어.
+ today 오늘

Pattern 38

Dorothy has...

도로시는 ~이 있다

 112

Dorothy has friends.
도로시는 친구가 있어요.

friend 친구

- ✦ have/has 앞에 다양한 주어를 넣어 보세요.

- ✦ I에는 늘 have를 사용해요. 그 외의 주어가 단수일 때는 has를 사용하고, 복수일 때는 have를 사용해요.

- ✦ Dorothy(도로시)는 단수이므로 has를 썼어요.

기본패턴

Tom has a phone.　　　　톰은 핸드폰이 있어.

My brother has many toys.　내 남동생은 장난감이 많이 있다.

phone 전화기, 핸드폰　toy 장난감

 Tom, brother는 단수이므로 has를 사용해요.

✦ The girls(여자아이들)처럼 주어가 복수일 때는 have를 사용해요.

응용패턴

The girls have a dress.　　그 여자아이들은 드레스가 있다.

Giraffes have a long neck.　기린들은 긴 목이 있다. (= 기린들은 목이 길다.)

girl 여자아이　dress 드레스　giraffe 기린　long 긴　neck 목

 girls, giraffes는 복수이므로 have를 사용해요.

Choose!

The girl (have / has) a dress.　그 여자아이는 드레스가 있다.

Practice

패턴에 알맞은 표현을 넣어 문장을 완성하세요.

a farm
농장

a cake
케이크

two monsters
괴물 두 마리

a horn
뿔

a big mouth
큰 입

many cows
많은 소들

❶ 나의 삼촌은 농장이 있다. + my uncle 나의 삼촌

My uncle has

❷ 그 남자애는 케이크가 있다. + the boy 그 남자아이

❸ 왕은 괴물 두 마리가 있다. + the king 왕

❹ 하마들은 큰 입이 있다. (= 하마들은 입이 크다.) + hippos 하마들

Hippos have

❺ 그 괴물들은 뿔이 있다. + the monsters 그 괴물들

❻ 나의 부모님은 소가 많이 있다. (= 나의 부모님은 소가 많다.)
+ my parents 나의 부모님

A 알맞은 문장에 √표를 하세요.

1. 나는 돈이 없어.
   ⓐ **I have no** money.
   ⓑ **I have not** money.

2. 그녀는 시간이 없어.
   ⓐ **She have no** time.
   ⓑ **She has no** time.

3. 나의 형은 핸드폰이 있어.
   ⓐ **My brother have** a phone.
   ⓑ **My brother has** a phone.

4. 나의 부모님들은 소가 많이 있어.
   ⓐ **My parents have** many cows.
   ⓑ **My parents has** many cows.

B 알맞은 표현을 써서 문장을 완성하세요.

have	have no	has	has no

1. 나의 삼촌은 농장이 있다. ➡ My uncle _____ a farm.

2. 그 여자애들은 드레스가 있어. ➡ The girls _____ a dress.

3. 나는 오늘 수업이 없어. ➡ I _____ class today.

4. 그는 숙제가 없어. ➡ He _____ homework.

C 그림을 참고하여 상황에 알맞은 문장을 쓰세요.

1.
난 음식이 없어. (no, food)

2.
난 물이 없어. (no, water)

3.
그 왕에게는 괴물 두 마리가 있다. (two monsters)

4.
그 괴물들은 뿔을 갖고 있다. (a horn)

5.
하마들은 큰 입이 있다. (= 하마들은 입이 크다.) (a big mouth)

6.
기린들은 긴 목이 있다. (= 기린들은 목이 길다.) (a long neck)

I had...

나는 ~이 있었다

I had a strange dream.
난 이상한 꿈을 꿨어.

strange 이상한 dream 꿈

✦ have(갖고 있다)의 과거형은 had(갖고 있었다)예요.

✦ 과거에 내가 갖고 있었던 것, 나한테 있었던 일을 말할 때 I had...를 사용해요.

✦ 앨리스는 이상한 꿈을 꿨다고 말하면서 I had...를 사용했어요.

기본패턴

I had some money.   나는 돈이 좀 있었어.

I had an English test.   나는 영어 시험이 있었다. (= 나는 영어 시험을 봤다.)

some 약간의, 좀   money 돈   English test 영어 시험

  I have some money. 나는 돈이 좀 있다.
I had some money. 나는 돈이 좀 있었다.

✦ 과거의 일을 말할 때는 주어가 바뀌어도 had의 형태는 바뀌지 않아요.

응용패턴

She had a cold.   그녀는 감기에 걸렸었다.

They had breakfast today.   그들은 오늘 아침을 먹었어.

cold 감기   today 오늘

  have는 '먹다'라는 뜻도 있어서 had는 '~을 먹었다'라는 뜻으로도 쓰여요.

Choose!

(They have / They had) an English test.   그들은 영어 시험을 봤다.

144

Practice

패턴에 알맞은 표현을 넣어 문장을 완성하세요.

dinner
저녁 식사

a math test
수학 시험

a good time
즐거운 시간

a birthday party
생일 파티

fried rice
볶음밥

a snowball fight
눈싸움

❶ 나는 수학 시험이 있었어. (= 나는 수학 시험을 봤다.)

I had

❷ 나는 즐거운 시간을 가졌어. (= 나는 즐거운 시간을 보냈다.)

❸ 나는 아빠와 저녁을 먹었어. + with my dad 나의 아빠와

❹ 우리는 눈싸움을 했어.

We had

❺ 그들은 생일 파티를 했어.

❻ 그녀는 점심으로 볶음밥을 먹었어. + for lunch 점심으로

• have의 과거형은 주어에 상관없이 항상 had를 사용해요.

Pattern 40

I didn't have...

나는 ~이 없었다

I didn't have any money.
나는 돈이 하나도 없었어.

BAKE
꼬르르륵
money 돈

✦ 지금 나한테 없다면 I don't have..., 과거에
나한테 없었다면 I didn't have...를 사용해요.

✦ 성냥팔이 소녀는 과거에 돈이 없었다면서
I didn't have...를 사용했어요.

✦ didn't은 did not의 줄임말이에요.

기본패턴

I didn't have time.   나는 시간이 없었어.

I didn't have dinner.   나는 저녁을 안 먹었어.

time 시간   dinner 저녁 식사

비교 I **don't** have time. 나는 시간이 없다.
I **didn't** have time. 나는 시간이 없었다.

✦ 과거의 일을 말할 때는 주어가 바뀌어도 didn't have의 형태는 바뀌지 않아요.

응용패턴

We didn't have a party.   우리는 파티를 안 했어.

She didn't have fun.   그녀는 재미가 없었어.

party 파티   fun 재미

Choose!

(**I didn't have** / **I don't have**) time. 나는 시간이 없었어.

146

Practice
패턴에 알맞은 표현을 넣어 문장을 완성하세요.

breakfast
아침 식사

a notebook
공책

a pencil case
필통

❶ 나는 공책이 없었어.　　I didn't have

❷ 나는 필통이 없었어.

❸ 나는 아침을 안 먹었어.

a fork
포크

a spoon
숟가락

much food
많은 음식

❹ 그녀는 숟가락이 없었어.　　She didn't have

❺ 그는 포크가 없었어.

❻ 우리는 음식이 많지 않았어.

● food(음식)처럼 셀 수 없는 명사가 많을 때는 many 대신 much(많은)를 사용해요.

A 알맞은 문장에 ✓표를 하세요.

1. 나는 공책이 있었어.
ⓐ **I have** a notebook.
ⓑ **I had** a notebook.

2. 나는 필통이 없었어.
ⓐ **I didn't have** a pencil case.
ⓑ **I don't have** a pencil case.

3. 그녀는 감기에 걸렸었다.
ⓐ **She has** a cold.
ⓑ **She had** a cold.

4. 그는 재미가 없었어.
ⓐ **He didn't have** fun.
ⓑ **He doesn't have** fun.

B 알맞은 표현을 써서 문장을 완성하세요.

| We had | He had | I didn't have | She didn't have |

1. 나는 시간이 없었다. ➡ _____ time.

2. 우리는 생일 파티를 했다. ➡ _____ a birthday party.

3. 그녀는 포크가 없었다. ➡ _____ a fork.

4. 그는 오늘 아침을 먹었어. ➡ _____ breakfast today.

C 그림을 참고하여 상황에 알맞은 문장을 쓰세요.

1. _____ with my dad.

나는 아빠와 저녁을 먹었다. (dinner)

2. _____

우리는 볶음밥을 먹었다. (fried rice)

3. _____

우리는 눈싸움을 했다. (a snowball fight)

4. _____

우리는 즐거운 시간을 보냈다. (a good time)

5. _____

그는 수학 시험은 안 봤다. (a math test)

6. _____

그는 영어 시험을 봤다. (an English test)

A 사진을 보고 알맞은 단어를 고르세요.

1.

   I have a (sister / brother).

   I don't have a (sister / brother).

2.

   She has (short / long) hair.

   He has (short / long) hair.

3.

   They have a (son / daughter).

   They don't have a (son / daughter).

4.

   She has a (spoon / fork).

   She doesn't have a (spoon / fork).

5.

   I have some (water / food).

   But I have no (water / food).

6.

   A: Do you have a (pencil / crayon)?

   B: Yes. I have many (pencils / crayons).

B 알맞은 패턴과 표현을 찾아서 연결하세요.

1. 너는 우산이 있어? · · I have · · a cold.

2. 우리는 시간이 없어. · · He has · · an umbrella?

3. 나는 감기에 걸렸어. · · Do you have · · time.

4. 그는 강아지가 한 마리 있어. · · We don't have · · a puppy.

5. 나는 돈이 없었어. · · They have · · money.

6. 그들은 책이 많아. · · I didn't have · · many books.

7. 그녀는 공책이 없어. · · Does she have · · a notebook.

8. 그녀는 목도리가 있어? · · She doesn't have · · a scarf?

C 빈칸에 알맞은 표현을 써서 문장을 완성하세요.

1.

❶ _____ an uncle.

❷ _____ an aunt.

나는 삼촌이 있어. / 나는 이모는 없어.

2.

❶ _____ two horns.

❷ _____ a mouth.

그는 뿔이 두 개 있어. / 그는 입이 없어.

3.

I have ❶ _____ scissors.

❷ _____ scissors?

나는 가위가 없어. / 너는 가위가 있어?

4.

A: ❶ _____ a balloon?

B: Yes. ❷ _____ balloons.

A: 그녀는 풍선이 있어? / B: 응. 그녀는 풍선이 많이 있어.

5.

❶ _____ breakfast today.

But ❷ _____ lunch.

나는 오늘 아침을 먹었어. / 하지만 점심을 안 먹었어.

빈칸에 알맞은 표현을 써서 글을 완성하세요.

I have an uncle.

He has a farm.

❶   many cows.

But ❷   any pigs.

He is very busy.

➡ 나는 삼촌이 있다. 그는 농장이 있다. 그는 소가 많이 있다.
하지만 그는 돼지는 하나도 없다. 그는 매우 바쁘다.

Today is my mom's birthday.

We had a birthday party.

❸   strawberry cake.

❹   much food.

But we had a good time.

➡ 오늘은 나의 엄마의 생일이다. 우리는 생일파티를 했다. 나는 딸기 케이크를 먹었다.
우리는 음식이 많지 않았다. 하지만 우리는 즐거운 시간을 보냈다.

기적 영어 학습서

기본이 탄탄! 실전에서 척척!
유초등 필수 영어능력을 길러주는 코어 학습서

유아 영어

재미있는 액티비티가 가득한
4~6세를 위한 영어 워크북

4세 이상

5세 이상

6세 이상

6세 이상

파닉스 완성 프로그램

알파벳 음가 ➡ 사이트워드
➡ 읽기 연습까지!
리딩을 위한 탄탄한 기초 만들기

6세 이상 전 3권

1~3학년

1~3학년 전 3권

영어 단어

영어 실력의 가장 큰 바탕은 어휘력!
교과과정 필수 어휘 익히기

1~3학년 전 2권

3학년 이상 전 2권

영어 리딩

패턴 문장 리딩으로 시작해
정확한 해석을 위한 끊어읽기까지!
탄탄한 독해 실력 쌓기

2~3학년 전 2권

3~4학년 전 3권

4~5학년 전 2권

5~6학년 전 2권

영어 라이팅

저학년은 패턴 영작으로,
고학년은 5형식 문장 만들기 연습으로
튼튼한 영작 실력 완성

2학년 이상 전 4권

4학년 이상 전 5권

5학년 이상 전 2권

6학년 이상

영어일기

한 줄 쓰기부터 생활일기,
주제일기까지!
영어 글쓰기 실력을 키우는 시리즈

3학년 이상

4~5학년

5~6학년

영문법

중학 영어 대비, 영어 구사
정확성을 키워주는 영문법 학습

4~5학년 전 2권

5~6학년 전 3권

6학년 이상

초등 필수 영어 무작정 따라하기

초등 시기에 놓쳐서는 안 될 필수 학습은 바로 영어 교과서!
영어 교과서 5종의 핵심 내용을 쏙쏙 뽑아 한 권으로 압축 정리했습니다.
초등 과정의 필수학습으로 기초를 다져서 중학교 및 상위 학습의 단단한 토대가 되게 합니다.

| 1~2학년 | 2~3학년 | 2~3학년 | 3학년 이상 | 4학년 이상 |

미국교과서 리딩

문제의 차이가 영어 실력의 차이! 논픽션 리딩에 강해지는 《미국교과서 READING》
논픽션 리딩에 가장 좋은 재료인 미국 교과과정의 주제를 담은 지문을 읽고, 독해력과
문제 해결력을 두루 향상시킬 수 있도록 구성한 단계별 리딩 프로그램

| **LEVEL 1** | **LEVEL 2** | **LEVEL 3** | **LEVEL 4** | **LEVEL 5** |
| 준비 단계 | 시작 단계 | 정독 연습 단계 | 독해 정확성 향상 단계 | 독해 통합심화 단계 |

어떤 책을 봐야 할까?
영작 실력을 키우는 기적 시리즈!

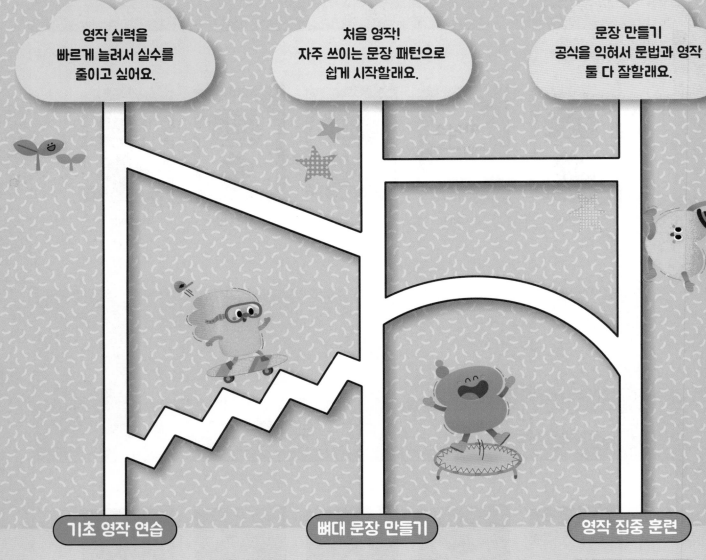

영작 실력을
빠르게 늘려서 실수를
줄이고 싶어요.

처음 영작!
자주 쓰이는 문장 패턴으로
쉽게 시작할래요.

문장 만들기
공식을 익혀서 문법과 영작
둘 다 잘할래요.

기초 영작 연습

뼈대 문장 만들기

영작 집중 훈련

★ 기적의 영어문장 쓰기 1~4 ★

쉬운 패턴 문장으로
시작하는 기초 영작

대상: 초등 2~4학년

★ 기적의 영어문장 만들기 1~5 ★

어순에 맞는 단어블록 배열로
뼈대 문장부터 긴 문장까지!

대상: 초등 4~6학년

★ 기적의 영어문장 트레이닝 ★

문법과 영작에 강해지는
5형식 문장 만들기 집중 훈련

대상: 초등 5~6학년

기적의 영어문장 쓰기

1

(영단어 연습장 & 정답)

길벗스쿨

Book
1

영단어 연습장

*〈영단어 연습장〉을 옆에 두고 활용하세요.
단어를 쓰면서 뜻을 기억하고 철자를 연습해 보세요.

❶ 행복한

happy

❷ 슬픈

sad

❸ 한국인의

Korean

❹ 신이 난

excited

❺ 지루한, 따분한

bored

❻ 화가 난

angry

❼ 배고픈

hungry

❽ 늦은

late

❾ 중국인의

Chinese

❿ 무서운

afraid

⓫ 졸린

sleepy

⓬ 목마른

thirsty

---

❶ 친절한

kind

❷ 잘생긴

handsome

❸ 똑똑한

smart

❹ 키가 큰

tall

❺ 키가 작은

short

❻ 의사

doctor

❼ 괜찮은

okay

❽ 준비된

ready

❾ 과학자

scientist

❿ 졸린

sleepy

⓫ 무서워하는

scared

⓬ 피곤한

tired

2

❶ 힘이 센

strong

❷ 귀여운

cute

❸ 소방관

firefighter

❹ 용감한

brave

❺ 외로운

lonely

❻ 남자 형제(오빠, 형, 남동생)

brother

❼ 여자 형제(언니, 누나, 여동생)

sister

❽ 예쁜

pretty

❾ 아름다운

beautiful

❿ 아픈

sick

⓫ 게으른

lazy

⓬ 선생님

teacher

❶ 목마른

thirsty

❷ 수줍어하는

shy

❸ 바쁜

busy

❹ 마른

thin

❺ 어린, 젊은

young

❻ 늙은

old

❼ 요리사

cook

❽ 유명한

famous

❾ 엄마

mom

❿ 대단한, 정말 좋은

great

⓫ 사랑스러운

lovely

⓬ 아빠

dad

❶ 축구

soccer

❷ 수학

math

❸ 노래하다

sing

❹ 과학

science

❺ 춤추다

dance

❻ 수영하다

swim

❼ 배우

actor

❽ 가수

singer

❾ 댄서, 무용수

dancer

❿ 간호사

nurse

⓫ 선생님

teacher

⓬ 화가

artist

---

❶ 고래

whale

❷ 무거운

heavy

❸ 가벼운

light

❹ 상어

shark

❺ 더러운

dirty

❻ 깨끗한

clean

❼ 구름이 낀

cloudy

❽ 화창한

sunny

❾ 겨울

winter

❿ 바람이 부는

windy

⓫ 눈이 오는

snowy

⓬ 비가 오는

rainy

Pattern 13-14

❶ 큰

big

❷ 작은

small

❸ (맛이) 짠

salty

❹ 쉬운

easy

❺ 어려운

difficult

❻ 재미있는

fun

❼ 달콤한

sweet

❽ 매운

spicy

❾ 무서운

scary

❿ 따뜻한

warm

⓫ 지루한

boring

⓬ 어두운

dark

Pattern 15-16

❶ 장미

rose

❷ 튤립

tulip

❸ 싼

cheap

❹ 맛있는

delicious

❺ 웃기는

funny

❻ 비싼

expensive

❼ 공부하다

study

❽ 시작하다

begin

❾ 일어나다

get up

❿ 점심 식사

lunch

⓫ 저녁 식사

dinner

⓬ 침대

bed

❶ 부자인, 부유한

rich

❷ 운이 좋은

lucky

❸ 안전한

safe

❹ 가난한

poor

❺ 친구

friend

❻ 긴장한

nervous

❼ 부모님

parents

❽ 인기가 많은

popular

❾ 내 것

mine

❿ 같은

same

⓫ 가수

singer

⓬ 네 것

yours

❶ 큰, 넓은

large

❷ 깊은

deep

❸ 무서운

scary

❹ 용감한

brave

❺ 미국인의

American

❻ 가장 좋은

best

❼ 빨간색의

red

❽ 파란색의

blue

❾ 귀여운

cute

❿ 빠른

fast

⓫ 느린

slow

⓬ 힘이 센

strong

❶ 사과

apple

❷ 피자

pizza

❸ 가을

fall

❹ 아이스크림

ice cream

❺ 춤추다

dance

❻ 음악

music

❼ 닭, 치킨

chicken

❽ 샐러드

salad

❾ 여름

summer

❿ 당근

carrot

⓫ 토마토

tomato

⓬ 노래하다

sing

Pattern 23-24

❶ 영어

English

❷ 야구

baseball

❸ 수박

watermelon

❹ 딸기

strawberry

❺ 그리다

draw

❻ 우유

milk

❼ 햄버거

hamburger

❽ 복숭아

peach

❾ 미술

art

❿ 요리하다

cook

⓫ 계란

egg

⓬ 감자

potato

❶ 포도
grape

❷ 바나나
banana

❸ 모자
hat

❹ 배
pear

❺ 쿠키
cookie

❻ 게임, 경기
game

❼ 빵
bread

❽ 과일
fruit

❾ 오렌지
orange

❿ 새우
shrimp

⓫ 갈비
rib

⓬ 사탕
candy

❶ 책
book

❷ 인형
doll

❸ 쇼핑하다
shop

❹ 고기
meat

❺ 생선
fish

❻ 캠핑을 하다
camp

❼ 음식
food

❽ 노래
song

❾ 선물
present

❿ 식당
restaurant

⓫ 영화
movie

⓬ 낚시하다
fish

❶ 수영하다

swim

❷ 가다

go

❸ (경기, 시합을) 하다

play

❹ 뱀

snake

❺ 벌레

bug

❻ 치과

dentist

❼ 초콜릿

chocolate

❽ 해산물

seafood

❾ 가족

family

❿ 먹다

eat

⓫ 여행하다

travel

⓬ ~와 함께

with

❶ 연필

pencil

❷ 감기

cold

❸ 남자 형제(오빠, 형, 남동생)

brother

❹ 크레용

crayon

❺ 지도

map

❻ 친구

friend

❼ 돈

money

❽ 지우개

eraser

❾ 숙제

homework

❿ 시간

time

⓫ 아들

son

⓬ 딸

daughter

❶ 열쇠

key

❷ 풍선

balloon

❸ 긴

long

❹ 강아지

puppy

❺ 로봇

robot

❻ 짧은

short

❼ 풀

glue

❽ 가위

scissors

❾ 테이프

tape

❿ 자전거

bike

⓫ 장갑

gloves

⓬ 우산

umbrella

❶ 비옷

raincoat

❷ 펜

pen

❸ 열

fever

❹ 자동차

car

❺ 집

house

❻ 표

ticket

❼ 목도리

scarf

❽ 수영복

swimsuit

❾ 이모, 고모, (외)숙모

aunt

❿ 야구 방망이

bat

⓫ 전화기

phone

⓬ 삼촌, 큰아빠, 고모부, 이모부

uncle

❶ 돈
money

❷ 시간
time

❸ 물
water

❹ 계획
plan

❺ 수업
class

❻ 가족
family

❼ 농장
farm

❽ 케이크
cake

❾ 괴물
monster

❿ 뿔
horn

⓫ 입
mouth

⓬ 소
cow

Pattern 39-40

❶ 저녁 식사
dinner

❷ 시험
test

❸ 좋은, 즐거운
good

❹ 생일
birthday

❺ 볶음밥
fried rice

❻ 눈 뭉치
snowball

❼ 아침 식사
breakfast

❽ 공책
notebook

❾ 필통
pencil case

❿ 포크
fork

⓫ 숟가락
spoon

⓬ 음식
food

Book
1

정답

* 축약형을 써도 동일한 표현이므로 맞힌 것으로 채점해 주세요.
아이들이 영작에 흥미를 잃지 않고 재미있고 자신 있게 쓸 수
있게 지도해 주세요.

Pattern 01

❶ I am sad.
❷ I am happy.
❸ I am Korean.
❹ I'm so angry.
❺ I'm so bored.
❻ I'm so excited.

Pattern 02

❶ I'm not hungry.
❷ I'm not late.
❸ I'm not Chinese.
❹ I'm not sleepy now.
❺ I'm not thirsty now.
❻ I'm not afraid now.

Check-up Pattern 01-02

   1. ⓐ   2. ⓑ   3. ⓑ   4. ⓐ

B 1. I am
    2. I'm not
    3. I'm so
    4. now

   1. I am afraid.
   2. I am so excited.
   3. I am not hungry.
   4. I am thirsty.
   5. I am not Chinese.
   6. I am Korean.

  ＊ I am = I'm

Pattern 03

❶ You are handsome.
❷ You are smart.
❸ You are so kind.
❹ You're not short.
❺ You're not tall.
❻ You're not a doctor.

Pattern 04

❶ Are you ready?
❷ Are you okay?
❸ Are you a scientist?
❹ Aren't you sleepy?
❺ Aren't you tired?
❻ Aren't you scared?

Check-up Pattern 03-04

   1. ⓑ   2. ⓑ   3. ⓐ   4. ⓑ

B 1. Are you
    2. You are
    3. You're not
    4. Aren't you

   1. I am handsome.
   2. You are not handsome.
   3. Are you okay?
   4. I am so tired.
   5. Are you a doctor?
   6. I am a scientist.

  ＊ I am = I'm / You are = You're

Pattern 05

❶ He is a firefighter.
❷ He is strong.
❸ He is cute.
❹ He's not brave.
❺ He's not lonely.
❻ He's not my brother.

Pattern 06

❶ She is pretty.
❷ She is beautiful.
❸ She is my sister.
❹ She's not sick.
❺ She's not lazy.
❻ She's not my teacher.

Check-up Pattern 05-06

1. ⓐ   2. ⓑ   3. ⓑ   4. ⓐ

B 1. She is
  2. She's not
  3. He is
  4. He's not

  1. He is a firefighter.
  2. He is so brave.
  3. She is my teacher.
  4. She is so kind.
  5. He is my brother.
  6. He is smart.

  * He is = He's / She is = She's

Pattern 07

❶ He's very busy.
❷ He's very thirsty.
❸ She's very shy.
❹ He's too thin.
❺ He's too old.
❻ She's too young.

Pattern 08

❶ Is she your mom?
❷ Is she a cook?
❸ Is he famous?
❹ Isn't he your dad?
❺ Isn't he great?
❻ Isn't she lovely?

Check-up Pattern 07-08

1. ⓐ   2. ⓑ   3. ⓑ   4. ⓑ

B 1. He's very
  2. She's too
  3. Is she
  4. Isn't he

  1. She's very tired.
  2. She's too tired.
  3. Is he tall?
  4. He's very tall.
  5. Isn't she your sister?
  6. She is my friend.

  * He is = He's / She is = She's

14

Pattern 09

❶ I'm good at soccer.
❷ I'm good at singing.
❸ I'm not good at math.
❹ You're good at dancing.
❺ She's good at science.
❻ He's not good at swimming.

Pattern 10

❶ She's a good singer.
❷ I'm a good dancer.
❸ You're a good actor.
❹ She's a great nurse.
❺ He's a great teacher.
❻ You're a great artist.

Check-up Pattern 09-10

1. ⓐ   2. ⓑ   3. ⓐ   4. ⓑ

B 1. He's good at
    2. She's a good
    3. I'm not good at
    4. He's a great

1. I'm good at English.
2. But I'm not good at math.
3. He's good at soccer.
4. But he's not good at baseball.
5. She's a good singer.
6. He's a good dancer.

∗ I am = I'm / He is = He's / She is = She's

Weekly Review Pattern 01-10

1. excited / tired
2. tall / short
3. dad / singing
4. happy / sad
5. afraid / brave
6. math / smart

1. Are you okay?
2. I am so bored.
3. You are strong.
4. I'm not sleepy.
5. He's very lazy.
6. She is my sister.
7. He's not angry.
8. Is she your mom?

1. ❶ I am not   ❷ I am
2. ❶ Are you   ❷ You are
3. ❶ He is not   ❷ He is
4. ❶ Is he   ❷ He is
5. ❶ Is she   ❷ great

❶ I am not
❷ I'm good at
❸ She's very
❹ She's good at

Pattern 11

❶ It is heavy.
❷ It is light.
❸ It is a whale.
❹ It's not clean.
❺ It's not dirty.
❻ It's not a shark.

Pattern 12

❶ It's sunny.
❷ It's cloudy.
❸ It's winter.
❹ It's windy today.
❺ It's rainy today.
❻ It's snowy today.

Check-up Pattern 11-12

   1. ⓐ   2. ⓑ   3. ⓑ   4. ⓐ

B 1. It is
   2. It's not
   3. It is
   4. today

   1. It is not a whale.
   2. It is a shark.
   3. It is not sunny.
   4. It is cloudy.
   5. It is not clean.
   6. It is dirty.

   ＊ It is = It's

Pattern 13

❶ It's a little small.
❷ It's a little big.
❸ It's a little salty.
❹ It's really easy.
❺ It's really difficult.
❻ It's really fun.

Pattern 14

❶ It's too scary.
❷ It's too sweet.
❸ It's too spicy.
❹ It's still warm.
❺ It's still boring.
❻ It's still dark.

Check-up Pattern 13-14

   1. ⓐ   2. ⓑ   3. ⓑ   4. ⓐ

B 1. It's a little
   2. It's too
   3. It's really
   4. It's still

   1. It's a little heavy.
   2. It's really heavy.
   3. It's too heavy.
   4. It's a little spicy.
   5. It's really spicy.
   6. It's too spicy.
   7. It's really easy.
   8. It's a little difficult.
   9. It's too difficult.

Pattern 15

❶ Is it a rose?
❷ Is it a tulip?
❸ Is it cheap?
❹ Isn't it funny?
❺ Isn't it delicious?
❻ Isn't it expensive?

Pattern 16

❶ It's time to get up.
❷ It's time to study.
❸ It's time to begin.
❹ It's time for lunch.
❺ It's time for dinner.
❻ It's time for bed.

Check-up Pattern 15-16

  1. ⓑ   2. ⓑ   3. ⓐ   4. ⓑ

B 1. Isn't it
   2. It's time for
   3. It's time to
   4. Is it

   1. Is it delicious?
   2. It's too salty.
   3. Is it expensive?
   4. It's really cheap.
   5. It's time to get up.
   6. It's time for breakfast.

   * It is = It's

Pattern 17

❶ We are lucky.
❷ We are rich.
❸ We are safe.
❹ We're all poor.
❺ We're all nervous.
❻ We're all friends.

Pattern 18

❶ They are popular.
❷ They are my parents.
❸ They are mine.
❹ Are they singers?
❺ Are they yours?
❻ Are they the same?

Check-up Pattern 17-18

  1. ⓐ   2. ⓑ   3. ⓐ   4. ⓑ

B 1. They are
   2. We are
   3. Are they
   4. We're all

   1. Are they singers?
   2. They are very popular.
   3. Are they yours?
   4. They are not mine.
   5. We are not scared.
   6. We are all excited.

   * They are = They're / We are = We're

Pattern 19

Choose! is p.72

Practice p.73

❶ The dog is scary.
❷ The house is large.
❸ The river is not deep.
❹ Amy is American.
❺ Julie is really brave.
❻ Ann is my best friend.

Pattern 20

Choose! are p.74

Practice p.75

❶ The shoes are blue.
❷ The socks are red.
❸ The puppies are cute.
❹ Lions are very strong.
❺ Rabbits are very fast.
❻ Turtles are very slow.

Check-up Pattern 19-20

A p.76

1. ⓐ   2. ⓑ   3. ⓐ   4. ⓑ

B 1. is
   2. are
   3. is
   4. are

C p.77

1. The house is large.
2. The trees are tall.
3. The puppies are cute.
4. But the big dog is scary.
5. The river is not deep.
6. But the water is too cold.

Weekly Review Pattern 11-20

A p.78

1. cheap / expensive
2. roses / tulips
3. clean / dirty
4. tired / sleepy
5. sunny / cloudy
6. red / blue

B p.79

1. It's too salty.
2. Is it boring?
3. It's not a pig.
4. It's a little difficult.
5. They're popular.
6. We're all Korean.
7. Are they rich?
8. It's time for breakfast.

C p.80

1. ❶ Is it   ❷ It is
2. ❶ The bag is   ❷ It's really
3. ❶ It's time to   ❷ We are
4. ❶ It's too   ❷ it's a little
5. ❶ cookies are   ❷ They are

D p.81

❶ It's
❷ flowers are
❸ It's really
❹ We are all

18

Pattern 21

❶ I like pizza.
❷ I like fall.
❸ I like apples.
❹ We like ice cream.
❺ We like music.
❻ They like dancing.

Pattern 22

❶ I don't like chicken.
❷ I don't like summer.
❸ I don't like salad.
❹ We don't like carrots.
❺ We don't like singing.
❻ They don't like tomatoes.

Check-up Pattern 21-22

1. ⓐ   2. ⓑ   3. ⓐ   4. ⓑ

B 1. They like
2. I like
3. I don't like
4. We don't like

1. I like singing.
2. But I don't like dancing.
3. We like summer.
4. We like ice cream.
5. They like chicken.
6. But they don't like pizza.

Pattern 23

❶ He likes baseball.
❷ He likes English.
❸ He likes watermelon.
❹ She likes milk.
❺ She likes drawing.
❻ She likes strawberries.

Pattern 24

❶ He doesn't like art.
❷ He doesn't like hamburgers.
❸ He doesn't like peaches.
❹ She doesn't like eggs.
❺ She doesn't like potatoes.
❻ She doesn't like cooking.

Check-up Pattern 23-24

1. ⓑ   2. ⓐ   3. ⓐ   4. ⓑ

B 1. He likes
2. He doesn't like
3. She likes
4. She doesn't like

1. He likes science.
2. She likes English.
3. He likes watermelon.
4. But he doesn't like peaches.
5. She likes dogs.
6. But she doesn't like cats.

19

Pattern 25

❶ Do you like bananas?
❷ Do you like grapes?
❸ Do you like this hat?
❹ Do they like pears?
❺ Do they like cookies?
❻ Do they like this game?

Pattern 26

❶ Does she like bread?
❷ Does she like fruit?
❸ Does she like oranges?
❹ Does he like ribs?
❺ Does he like shrimp?
❻ Does he like candy?

Check-up Pattern 25-26

1. ⓐ 2. ⓑ 3. ⓐ 4. ⓑ

B 1. Do you like
  2. Does he like
  3. Do they like
  4. Does she like

  1. Do you like grapes?
  2. I like strawberries.
  3. Does he like fruit?
  4. He likes cookies.
  5. Do they like shrimp?
  6. They like ribs.

Pattern 27

❶ The girl likes the doll.
❷ The boy likes the book.
❸ My mom likes shopping.
❹ Cats like fish.
❺ The kids like meat.
❻ My parents like camping.

Pattern 28

❶ I liked the song.
❷ I liked the food.
❸ He liked the present.
❹ I didn't like the movie.
❺ We didn't like the restaurant.
❻ She didn't like fishing.

Check-up Pattern 27-28

1. ⓑ 2. ⓐ 3. ⓑ 4. ⓑ

B 1. likes
  2. like
  3. liked
  4. didn't like

  1. I liked her.
  2. But she didn't like me.
  3. My parents like camping.
  4. My dad likes fishing.
  5. My mom liked shopping.
  6. But she didn't like cooking.

Pattern 29

Choose! I hate to p.108

Practice p.109

❶ I like to swim.
❷ I like to play soccer.
❸ I like to go camping.
❹ I hate bugs.
❺ I hate snakes.
❻ I hate to go to the dentist.

Pattern 30

Choose! I love to p.110

Practice p.111

❶ I love my family.
❷ I love chocolate.
❸ I love seafood.
❹ I love to travel.
❺ I love to eat ice cream.
❻ I love to play with my dad.

Check-up Pattern 29-30

A p.112

1. ⓑ   2. ⓐ   3. ⓐ   4. ⓑ

B 1. I love
2. I hate
3. I like to
4. I love to

C p.113

1. I like to go camping.
2. But I hate bugs.
3. I love my family.
4. I love to play with my dad.
5. I love chocolate.
6. But I hate to go to the dentist.

Weekly Review Pattern 21-30

A p.114

1. milk / juice
2. oranges / bananas
3. swim / run
4. girl / reading
5. music / singing
6. winter / snow

B p.115

1. Do you like grapes?
2. I like strawberries.
3. He likes peaches.
4. She doesn't like watermelon.
5. I hate bugs.
6. Does he like fruit?
7. I liked the song.
8. I love chocolate.

C p.116

1. ❶ I don't like   ❷ I like
2. ❶ Do you like   ❷ I love
3. ❶ Does he like   ❷ He likes
4. ❶ My friends like ❷ They like
5. ❶ I liked   ❷ she didn't like

D p.117

❶ I don't like
❷ Do you like
❸ she doesn't like
❹ I love to

21

Pattern 31

❶ I have a pencil.
❷ I have a brother.
❸ I have a cold.
❹ We have the map.
❺ They have crayons.
❻ You have many friends.

Pattern 32

❶ I don't have homework.
❷ I don't have an eraser.
❸ I don't have any money.
❹ We don't have a son.
❺ They don't have a daughter.
❻ You don't have time.

Check-up Pattern 31-32

1. ⓐ   2. ⓑ   3. ⓑ   4. ⓐ

B 1. I have
   2. We have
   3. I don't have
   4. They don't have

   1. I have a brother.
   2. But I don't have a sister.
   3. You have homework.
   4. I don't have homework today.
   5. We have the map.
   6. They don't have the map.

Pattern 33

❶ She has a balloon.
❷ She has a key.
❸ She has long hair.
❹ He has a robot.
❺ He has a puppy.
❻ He has short hair.

Pattern 34

❶ She doesn't have glue.
❷ She doesn't have tape.
❸ She doesn't have scissors.
❹ He doesn't have a bike.
❺ He doesn't have an umbrella.
❻ He doesn't have gloves.

Check-up Pattern 33-34

1. ⓑ   2. ⓐ   3. ⓑ   4. ⓐ

B 1. He has
   2. He doesn't have
   3. She has
   4. She doesn't have

   1. She has an umbrella.
   2. He doesn't have an umbrella.
   3. He doesn't have gloves.
   4. But she has gloves.
   5. She doesn't have tape.
   6. But she has glue.

Pattern 35

❶ Do you have a pen?
❷ Do you have a raincoat?
❸ Do you have a fever?
❹ Do they have a house?
❺ Do they have a car?
❻ Do they have a ticket?

Pattern 36

❶ Does she have a swimsuit?
❷ Does she have a scarf?
❸ Does she have an aunt?
❹ Does he have a bat?
❺ Does he have a phone?
❻ Does he have an uncle?

Check-up Pattern 35-36

   1. ⓐ   2. ⓑ   3. ⓐ   4. ⓑ

B 1. Do you have
     2. Does he have
     3. Do they have
     4. Does she have

   1. Do you have a fever?
   2. I have a cold.
   3. Does he have an umbrella?
   4. But he has a raincoat.
   5. Does she have crayons?
   6. She has many crayons.

Pattern 37

❶ I have no time.
❷ I have no money.
❸ We have no water.
❹ He has no family.
❺ He has no plans.
❻ She has no class today.

Pattern 38

❶ My uncle has a farm.
❷ The boy has a cake.
❸ The king has two monsters.
❹ Hippos have a big mouth.
❺ The monsters have a horn.
❻ My parents have many cows.

Check-up Pattern 37-38

   1. ⓐ   2. ⓑ   3. ⓑ   4. ⓐ

B 1. has
     2. have
     3. have no
     4. has no

   1. I have no food.
   2. I have no water.
   3. The king has two monsters.
   4. The monsters have a horn.
   5. Hippos have a big mouth.
   6. Giraffes have a long neck.

Pattern 39

❶ I had a math test.
❷ I had a good time.
❸ I had dinner with my dad.
❹ We had a snowball fight.
❺ They had a birthday party.
❻ She had fried rice for lunch.

Pattern 40

❶ I didn't have a notebook.
❷ I didn't have a pencil case.
❸ I didn't have breakfast.
❹ She didn't have a spoon.
❺ He didn't have a fork.
❻ We didn't have much food.

Check-up Pattern 39-40

1. ⓑ   2. ⓐ   3. ⓑ   4. ⓐ

B 1. I didn't have
2. We had
3. She didn't have
4. He had

1. I had dinner with my dad.
2. We had fried rice.
3. We had a snowball fight.
4. We had a good time.
5. He didn't have a math test.
6. He had an English test.

Weekly Review Pattern 31-40

1. sister / brother
2. long / short
3. daughter / son
4. spoon / fork
5. food / water
6. crayon / crayons

1. Do you have an umbrella?
2. We don't have time.
3. I have a cold.
4. He has a puppy.
5. I didn't have money.
6. They have many books.
7. She doesn't have a notebook.
8. Does she have a scarf?

1. ❶ I have   ❷ I don't have
2. ❶ He has   ❷ He doesn't have
3. ❶ no   ❷ Do you have
4. ❶ Does she have
   ❷ She has many
5. ❶ I had   ❷ I didn't have

❶ He has
❷ he doesn't have
❸ I had
❹ We didn't have

영작의 첫 시작은 패턴 문장 쓰기!

패턴 문장으로 탄탄한 영작 기초 다지기